AF217530

Tucholsky Wagner Zola Scott Sydow Freud Schlegel
Turgenev Wallace Fonatne
Twain Walther von der Vogelweide Fouqué Friedrich II. von Preußen
Weber Freiligrath
Fechner Fichte Weiße Rose von Fallersleben Kant Ernst Frey
Richthofen Frommel
Engels Fielding Hölderlin
Fehrs Faber Flaubert Eichendorff Tacitus Dumas
Feuerbach Maximilian I. von Habsburg Fock Eliasberg Zweig Ebner Eschenbach
Ewald Eliot Vergil
Goethe Elisabeth von Österreich London
Mendelssohn Balzac Shakespeare Dostojewski Ganghofer
Lichtenberg Rathenau Doyle Gjellerup
Trackl Stevenson Hambruch
Mommsen Thoma Tolstoi Lenz Hanrieder Droste-Hülshoff
Dach Verne von Arnim Hägele Hauff Humboldt
Karrillon Reuter Rousseau Hagen Hauptmann Gautier
Garschin
Damaschke Defoe Hebbel Baudelaire
Descartes
Wolfram von Eschenbach Dickens Schopenhauer Hegel Kussmaul Herder
Bronner Darwin Melville Grimm Jerome Rilke George
Campe Horváth Aristoteles Bebel Proust
Bismarck Vigny Barlach Voltaire Federer Herodot
Gengenbach Heine
Storm Casanova Tersteegen Gilm Grillparzer Georgy
Lessing Langbein
Chamberlain Gryphius
Brentano Lafontaine
Strachwitz Claudius Schiller Kralik Iffland Sokrates
Bellamy Schilling
Katharina II. von Rußland Gerstäcker Raabe Gibbon Tschechow
Löns Hesse Hoffmann Gogol Wilde Vulpius
Luther Heym Hofmannsthal Gleim
Roth Morgenstern Goedicke
Heyse Klopstock Klee Hölty Kleist
Luxemburg Puschkin Homer Mörike
La Roche Horaz Musil
Machiavelli Kierkegaard Kraft Kraus
Navarra Aurel Musset
Nestroy Marie de France Lamprecht Kind Kirchhoff Hugo Moltke
Laotse Ipsen Liebknecht
Nietzsche Nansen
Marx Lassalle Gorki Klett Ringelnatz
von Ossietzky Leibniz
May vom Stein Lawrence Irving
Petalozzi Knigge
Platon Pückler Michelangelo Kafka
Sachs Poe Kock
de Sade Praetorius Mistral Liebermann Korolenko
Zetkin

Der Verlag tredition aus Hamburg veröffentlicht in der Reihe **TREDITION CLASSICS**
Werke aus mehr als zwei Jahrtausenden. Diese waren zu einem Großteil vergriffen
oder nur noch antiquarisch erhältlich.

Symbolfigur für **TREDITION CLASSICS** ist Johannes Gutenberg (1400 — 1468),
der Erfinder des Buchdrucks mit Metalllettern und der Druckerpresse.

Mit der Buchreihe **TREDITION CLASSICS** verfolgt tredition das Ziel, tausende
Klassiker der Weltliteratur verschiedener Sprachen wieder als gedruckte Bücher
aufzulegen – und das weltweit!

Die Buchreihe dient zur Bewahrung der Literatur und Förderung der Kultur.
Sie trägt so dazu bei, dass viele tausend Werke nicht in Vergessenheit geraten.

Bunte Reihe

Humoresken

Georg Bötticher

Impressum

Autor: Georg Bötticher
Umschlagkonzept: toepferschumann, Berlin

Verlag: tradition GmbH, Hamburg
ISBN: 978-3-8424-0377-2
Printed in Germany

Der heilige Krieg.

Der Oberst außer Dienst von Bünau saß vor seinem Arbeitstische über eine Liste gebeugt, während drei Schritte seitwärts von ihm sein Bursche in militärischer Haltung weiterer Befehle harrte.

»Also Präsident Koch ließ es unbestimmt – –«

»Zu Befehl, Herr Oberst.«

»Und der Polizeidirektor?«

»Wollte es sich noch überlegen.«

»Hm. – Haben Zehmes zugesagt?«

»Sind verreist, Herr Oberst.«

»Aber Lindenaus – –«

»Bedauerten, weil schon Billets zum Patti-Konzert – –«

»Hm, hm! – Donnerwetter, ich sehe ja lauter Absagen – Kellermanns auch! Und Hellwigs! Auch der Herr von Radatzky« – –

»Zu Befehl, Herr Oberst. Und dann waren auch siebenundfünfzig in der Liste, die verzogen sind. . . . Und dreizehn Verstorbene – –«

»Himmeldonnerwetter – *Verstorbene?* Habe ich dir nicht befohlen, die Namen Mann für Mann mit dem Adreßbuch zu vergleichen – –«

»Zu Befehl, Herr Oberst. Aber davon steht nichts drin.«

»Na ja, das ist ja richtig. Aber kannst du nicht das Maul aufthun – denn das muß dir doch schon voriges Mal aufgefallen sein? – Verstorbne einzuladen! – Wieviel Karten hast du denn im ganzen abgesetzt?«

»Fünfundvierzig Herren-, siebenundachtzig Damenkarten, Herr Oberst.«

»Weiß der Teufel, was sich die Weibsen dazu drängen! – Das ist ja schrecklich wenig: fünfundvierzig Herren – –«

»Verzeihen der Herr Oberst. Das kommt noch. Letztes Mal war's auch so.«

»Du meinst Nachbestellungen. Na ja, möglich, wahrscheinlich sogar, aber doch unbestimmt. – Warst du beim Schriftsteller Ullmann?«

»Jawohl, Herr Oberst. Aber – zu dem – verzeihen der Herr Oberst – geh ich nicht wieder. Nicht sehen! sagte der, als ich ihm die Liste gab. Und dabei schob er mich zur Thüre 'naus.«

»Unverschämtes Schreiberpack! – Im übrigen – werde ich bestimmen, ob du wieder hingehst oder nicht. Verstanden?«

»Zu Befehl, Herr Oberst!«

»Und nun mach, daß du fortkommst! – Also zum Musikdirektor . . . Und daß mir die Kerls Schlag halb Sieben morgen zur Stelle sind! – Und vergiß meine Handschuhe nicht!«

August machte »Kehrt« und verschwand aus dem Zimmer.

Herr von Bünau hatte sich eine Cigarre angebrannt und sich bequem in den Armsessel zurückgelegt. »Mit den Freibillets werden es immerhin zweihundert. Es ist nicht so schlimm wie es aussieht. Also Courage! – Und jetzt an meine Rede . . . Meine hochverehrten Damen und Herren! Wenn auch die Epoche des heiligen Krieges schon in dämmernder Ferne hinter uns liegt – –«

Eine Thüre knarrte . . . »Ich störe wohl –« sagte eine helle, etwas harte Frauenstimme von stark ironischer Färbung.

»Ja – das heißt – von Störung ist nicht die Rede – aber – wenn du's kurz machen könntest – – ich habe noch so mancherlei – –«

»Natürlich! Ich gehe ja schon!« Und die Thüre schmetterte ins Schloß. Und »Für mich hast du natürlich nie Zeit!« klang es aus dem Nebenzimmer.

»Mein Gott, du weißt doch – –«

»Es ist gut! Gieb dir keine Mühe!« Und eine zweite Thür schloß sich heftig.

»Zum Verrücktwerden!« brummte von Bünau. »Na – ich will mich nicht ärgern. Habe auch gar keine Zeit dazu. – Also: Wenn auch die Epoche des heiligen Krieges – –«

Es klopfte.

»Herrrrein!!«

»Drei Briefe für den Herrn Oberst!« Das niedliche Zimmermädchen war im Nu wieder aus dem Zimmer gehuscht.

Der Oberst musterte die drei Couverts. »Vom Musikdirektor – der wird doch nicht absagen? . . . die *ganze* Kapelle? Das ist ja vortrefflich. Na, Gott sei Dank! – Hellmuths: . . . senden die Billets zurück. Natürlich! Weil die Frau nicht zur Mitwirkung aufgefordert ist . . . Vom Tenoristen Brüger: . . . Bittet um elf Freikarten – für Angehörige – na, das ist stark! Aber er muß sie kriegen. Der Kerl wird sonst heiser und läßt uns mit dem Solo sitzen. – Wenigstens füllt das den Saal . . .«

Herr von Bünau hatte sich brummend und ächzend wieder über den Schreibtisch gebeugt, um sofort das Nötige zu veranlassen.

»So, das wäre erledigt.« Er drückt auf den Knopf der elektrischen Klingel. »Bin doch begierig, wer von den Federfuchsern kommt. Schollmeyer wäre mir der liebste: der ist wohlwollend. Kruse wird hoffentlich nicht wieder die Frechheit haben. Karten hat er diesmal nicht gekriegt. – Lisbeth, diesen Brief sogleich in den Kasten!«

»Sehr wohl, Herr Oberst.«

Draußen ertönte die Vorsaalklingel. Es klopfte.

»Herein!«

Ein junger Mann stolperte mit artiger Verbeugung über die Schwelle.

»Sie wünschen –«

»Könnte ich zu dem morgigen musikalischen Abend der ›Cäcilia‹ einige Billets – –«

Die Stirne des Obersten bekam zwei drohende Falten. »Ja – darf ich bitten, mit wem ich die Ehre habe – –«

»Assessor Schwarz. Herr Geheimrat Friedländer machte mir Hoffnung – –«

»Ah, das ist etwas anderes. Wieviel wünschen Sie? Herren-, Damenkarten?«

»Drei Herren-, zwei Damenkarten – wenn es möglich – –«

»Mit Vergnügen! – In Summa neun Mark.«

Der junge Mann legte drei Thalerstücke auf die Tischkante und empfahl sich unter wiederholten Verbeugungen.

»Gleich fünf. Nicht übel . . .«

Es klingelte wieder. Eine ältliche Dame erschien in der Thür.

Der Oberst erhob sich mit einer Verbeugung. »Womit kann ich dienen?«

»Konsul Meyers. Wir hätten gern noch drei Damenkarten.«

Die Stirnfalten des Obersten drohten beängstigend. »*Herrenkarten* wünschen Sie *nicht?*«

»Nein, danke.«

»Hier sind drei Damenkarten – 4 Mark 50 –«

»Verbindlichen Dank.« Die Thüre schloß sich.

»Damenkarten, nichts als Damenkarten. Es ist, als wenn ich eine Kaffeegesellschaft gäbe . . .« Es klingelte wieder. Lisbeth reichte zwei Briefe herein, ». . . Bestellungen auf Billets . . . Nun, was soll's noch, Lisbeth?«

»Der Herr Oberlehrer Kranz hat fragen lassen, ob er noch zwei Billets haben könne. Er hätte sich mit seiner Tochter doch noch entschlossen.«

»Hier tragen Sie sie ihm hinüber. Aber lassen Sie sich gleich das Geld geben, 3 Mark 50, hören Sie!

Na, es macht sich ja noch ganz hübsch. August hat recht. Es wird voll werden. Und mit der Rede werde ich auch noch zurecht kommen . . .« Herr von Bünau hatte sich wieder in den Armsessel fallen lassen und blies mächtige Rauchwolken vor sich hin. »Wirkung wird mein Tonstück machen. Darum ist mir nicht bange. Nach der Probe zu schließen, wird es sogar ein großer Erfolg. Die Idee ist doch sehr apart.« Er nahm eines der elegant auf Rosapapier gedruckten Programme zur Hand. »*Der heilige Krieg. Tongemälde von Erwin von Bünau.*« Unter dem fettgedruckten Titel stand eine kurze Information für das Publikum über den Inhalt der Komposition. »*Friedliche Zustände* –« las Herr von Bünau. »Das Volk bei der

Arbeit. Ländliche Spiele. Eine Hochzeit.... Wir winden dir den Jungfernkranz.... Da plötzlich, ganz aus der Ferne: das Alarmsignal! Jetzt ertönt es näher; endlich ganz in nächster Nähe – Kriegsgerüchte! – Nun der Generalmarsch – die Kriegserklärung! – Abzug des Heeres ... Schillers Reiterlied, der Friedberger Marsch, die Wacht am Rhein. – Vorpostengeplänkel ... ein leises Rollen und Grollen wie fernes Gewitter, das näher und näher kommt. Nun ein Donnerschlag! Und noch einer! (Pauken), grelle Blitze! (Trompeten) ... das ist Lützows wilde, verwegene Jagd! (gellende Hörner) – eine höchst unheimliche Stelle! – es schmettert und kracht ... Der Sturm bricht los – Schlacht! ... Es wogt hinüber, herüber ... Mitrailleusen, Gewehrknattern, Bomben und Granaten ... Helle Trompetensignale: Sieg! – Nun danket alle Gott (von Solis und gemischtem Chor – war in der Probe sehr schön!) Pariser Einzugsmarsch. Einzug in Berlin. Die Wacht am Rhein, Heil dir im Siegerkranz! Tusch! Schluß.

Na, wirken muß das! Und als passende Einleitung, um Stimmung zu machen: Meine hochverehrten Damen und Herren! Wenn auch die Epoche des heiligen Krieges schon in dämmernder Ferne hinter uns liegt, so lebt doch in den Herzen der älteren Generation – –«

»Die gnädige Frau lassen zum Abendessen bitten!« Herr von Bünau fuhr zusammen. »Es ist gut. Aber gewöhnen Sie sich das Schleichen ab, Lisbeth! Man erschrickt ja förmlich, wenn Sie so plötzlich wie ein Geist dastehen. ...«

»Verzeihen der Herr Oberst, ich – –«

»Na, schon gut, schon gut. Sagen Sie nur meiner Frau, ich käme sogleich.«

Die Phantasieprobe seines »heiligen Krieges« hatte Herrn von Bünau sichtlich wohlgethan. So wohlgethan, daß er die steife Haltung seiner Gemahlin, die am Theetisch mit zur Schau getragener Ungeduld seiner harrte, gar nicht bemerkte. »Entschuldige, liebes Kind,« sagte er harmlos-fröhlich, »du weißt, es ist noch so manches für morgen zu thun – –«

»Ob ich das weiß! Seit drei Wochen gehen wir ja ganz darin auf. – Wenn du nur wenigstens noch dafür bezahlt würdest!«

»Aber Kind,« sagte Bünau, sich gemütlich ein Butterbrot belegend, »das ist doch nicht üblich bei einer Ehrenstelle. Und dann ist ja auch gar nicht soviel zu thun. Und ich thu's gern. 's freut einen doch auch, wenn's gelingt . . . darf ich dich um den Rum bitten? So – danke . . . Und du sollst sehen – das giebt morgen einen Riesenerfolg –« Frau von Bünau lachte spöttisch. »Wohl so wie neulich, wo deine Lieder auch einen ›Rieseneffekt‹ machen sollten? Na, den haben sie ja auch gemacht, wenigstens durch die Kritik von Professor Kruse, der sie besonders den Drehorgelspielern empfahl . . .«

»Ein hämischer Neidhammel, auf den niemand hört –«

»Der angesehenste Kritiker der Residenz!«

»Schlimm genug, wenn es so wäre –«

»Und der sich nicht abhalten lassen wird, das ›Tongemälde‹ des ›militärischen Beethovens‹ kritischer Betrachtung zu unterziehen. . . .«

»Er hat keine Einladung erhalten und darf nicht wagen zu kommen –«

»Er wird aber kommen –«

»Dann wird er hinauskomplimentiert werden –«

»Wir werden's ja sehen!«

»Ganz recht, mein Schatz. Und darum brauchen wir nicht weiter darüber zu streiten. – Im übrigen wäre ich dir verbunden, wenn du mich nicht immer bloß vom Unangenehmen unterhalten wolltest.«

»Natürlich, wenn ich dich nicht in den Himmel erhebe, bin ich dir unangenehm!«

»Aber zum – das habe ich ja gar nicht gesagt!«

»Aber gedacht hast du's, und das ist denn doch die Hauptsache.«

»Nun, bei Gott, du kannst einen wirklich aufbringen – – ich denke, wir heben die Tafel auf. Ich habe so noch einiges –«

»Natürlich! An was anderes denkst du ja schon gar nicht mehr. Wenn nur ›der heilige Krieg‹ aufgeführt wird – was aus deiner Frau wird, ist dir gleichgültig –«

»Himmeldonnerwetter, nun hab ich's aber satt! Mein ›heiliger Krieg‹ ist mir allerdings lieber, als der Krieg, der hier im Hause aufgeführt wird und der verwünscht wenig heilig ist. Ich thue keiner Fliege was zuleide, wissentlich, aber du – du steckst voller Nücken – –«

»Wie der Hund voller Flöhe – ich kenne deine feinen Redensarten!«

»Schockschwerenot, wenn du sie nur beherzigen wolltest!«

Die Thür flog zu. Gleich darauf hörte man Herrn von Bünau nach August rufen. Fünf Minuten später polterte der Herr Oberst die Treppe hinunter zur Vorstandssitzung der »Cäcilia«, wo er als erster Vorsitzender heute Abend besonders nötig war.

* * *

Es war am Morgen des darauffolgenden Tages, an einem Sonntag. Herr von Bünau war in heiterster Laune erwacht, ein Abglanz der Stimmung, die er von der »Cäcilia« gestern Abend mit heimgebracht. Lauter Erfreuliches hatte er dort zu hören bekommen. Kruse war seit gestern früh auf drei Tage verreist, wie der Redakteur vom Tageblatt als gewiß mitgeteilt – mit dem Hinzufügen, daß sich überall das lebhafteste Interesse an der Ausführung geltend mache. Auch unter den anwesenden Mitgliedern war das hervorgetreten. Drei Kameraden Bünaus, darunter der General Freiberg, auf den er besonders viel gab, hatten ihn beinah enthusiastisch im voraus beglückwünscht. Endlich sollte der Kaiser gestern Abend in der Residenz eingetroffen sein. Herrgott, wenn der etwa zu seiner Aufführung käme! Unmöglich war das nicht. Es gehörte zum guten Ton in der Gesellschaft, die »musikalischen Abende« der »Cäcilia« zu besuchen. Auch der König hatte, voriges Jahr erst, einige Aufführungen mit seiner Anwesenheit beehrt. Dem Hofmarschallamte gingen seitdem jedesmal zehn Billets zu. Gut, daß er noch rechtzeitig daran dachte! In dem vorliegenden Falle lag die Möglichkeit eines hohen Besuchs noch näher: galt es doch die Aufführung eines so ausgesprochen patriotischen Werkes! Herrn von Bünau schwindelte. Wenn der Kaiser ihm die Ehre erzeigte! Majestät hatten solch liebenswürdige Einfälle. – Es wäre ein unerhörter Sieg über die Kruses und Genossen, ein fabelhafter Triumph der »Cäcilia!« Die Einsilbigkeit seiner Gemahlin beim Frühkaffee ging spurlos an Herrn von Bünau vorüber. Die Cigarre, die er danach in seinem Arbeitszimmer rauchte, schmeckte ihm wie noch nie. In den Morgenblättern fand sich die gestern erfolgte Ankunft des Kaisers bestätigt. Noch immer kamen Billetbestellungen. Alles ließ sich aufs Trefflichste an. Der Oberst hatte sich eifrig an die Anfertigung eines Schreibens gemacht. Er fügte demselben zwanzig Billets bei, kouvertierte und siegelte es.

»August!« August erschien wie aus einer Versenkung.

»Dieses Schreiben sofort auf das Hofmarschallamt. – Die vierzig Freikarten für die Herren Offiziere hast du doch alle richtig abgegeben?«

»Zu Befehl, Herr Oberst!«

»Auch die Karten an die Redaktionen?«

»Zu Befehl, Herr Oberst!«

»Frack mit Orden, Shlips und Weißzeug, alles in Ordnung?«

»Zu Befehl, Herr Oberst!«

»Bon! – Und daß mir heut Abend die Programme nicht vergessen werden und die Billets! – Den Wagen Schlag Sechseinviertel! – Es ist gut, du kannst abtreten.«

Herr von Bünau wanderte angenehm erregt im Zimmer auf und ab. . . . »Wenn auch die Epoche des heiligen Krieges schon in dämmernder Ferne hinter uns liegt . . . Auswendig lernen soll man eine Ansprache nicht; es klingt dann so schülermäßig. Nur klar concipieren – die Worte finden sich dann wie von selbst . . . . Dieser Kruse soll mich noch kennen lernen. Ein frecher Patron! Aber heute wollen wir's ihm zeigen! – Es wird mächtig voll. Wieviel Billets sind eigentlich verkauft . . . Dreihundertundsiebzehn! Dazu kommen noch etwa achtzig Freikarten . . . und dann die Mitglieder: fünfzig bis siebzig mit den Angehörigen . . . Herrgott, wenn es nur nicht *zu* voll wird! Man muß überlegen, ob noch an der Kasse Billets verkauft werden dürfen. Es könnte Skandal geben, wenn welche stehen müßten oder gar nicht hineinkommen könnten . . .«

Das Mittagessen war so leidlich verlaufen. Der brillante Billetverkauf hatte seine Wirkung auch auf die Gnädige geübt. Sie geruhte sogar, ihren Gemahl in einer Toilettenfrage zu Rat zu ziehen. Herr von Bünau schwamm in Seligkeit. Die versöhnliche Stimmung seiner Frau hatte nur noch seinem Glück gefehlt!

Der Nachmittag schwand wie im Fluge . . . Punkt ¼7 Uhr meldete August, daß der Wagen vorgefahren sei. Fünfzehn Minuten später schritt der Herr Oberst, die Gemahlin am Arm, die hellbeleuchteten teppichbelegten Stufen des Gesellschaftslokales der »Cäcilia« hinauf.

In dem großen Saale strahlten bereits die elektrischen Blumenkronen auf die militärisch geordneten Stuhlreihen. In den behaglichen Nebenräumen war schon eine kleine Anzahl Damen und Herren versammelt, erste Besucher, denen sehr an einem guten Platz gelegen. Der große Saal war natürlich noch leer. Wenige Minuten – und es erschienen die Mitglieder der Militärkapelle. Der Kapellmeister trat auf den Herrn Oberst zu. Frau von Bünau hatte sich zu den ihr bekannten Frauen einiger Vereinsmitglieder gesellt, die die Gemahlin ihres ersten Vorsitzenden ehrfurchtsvoll begrüßten.

August war als Billeteur im Vorflur postiert worden. Der Oberst hatte sich doch dazu entschlossen, ihm noch fünfzig Billets zum Verkauf zu übergeben. »Mögen sie sich drängen! Besser als wenn es leer bliebe!«

Mehr und mehr füllte sich der Saal. Herr von Bünau hatte alle Augenblicke einen Freund zu begrüßen, einer Dame, einer bekannten Familie eine Verbeugung zu machen, Fragen zu beantworten, Glückwünsche entgegen zu nehmen. »Der Kaiser soll ja seit gestern hier sein.« »Allerdings, meine Gnädige.« . . . »Ob er denn hier erscheinen wird?« »Wohl nicht zu erhoffen, mein verehrtes Fräulein.« . . . »Hellwaldt! Und mit der ganzen Familie – das ist wirklich reizend.« »Na, das war doch selbstverständlich.« . . . »Ah, Excellenz – hocherfreut, daß Sie uns die Ehre schenken!« »Habe so viel von Ihrem Tongemälde gehört.« »Allzu liebenswürdig – wer weiß, ob's gefällt?« »Darüber bin ich ohne Sorge.« . . . »Seine Majestät sollen ja gekommen sein.« »Allerdings, bereits gestern Abend.« . . .

Nach und nach hatten sich die Stuhlreihen gefüllt. Reizende Damen in entzückenden Toiletten, glänzende Uniformen, sehr viel

Fräcke, nur wenige Gesellschaftsröcke – überall Geplauder, Fächerschwingen, Begrüßungen – all das vieltönige Summen und Schwirren einer großen Gesellschaft der feinen Welt.

Herr von Bünau hatte seine Blicke überall. Er bemerkte hier einen bekannten Schriftsteller, dort – zu seiner Freude – den Kritiker Schollmeyer, einen gemütlichen rotbärtigen Herrn; da die alte geschminkte Geheimrätin Seelmann, deren Urteil in musikalischen Dingen als maßgebend für die Gesellschaft galt und die deshalb stark berücksichtigt werden mußte. . . . Die Musiker stimmten bereits die Instrumente . . . noch fünf Minuten – dann konnte es losgehen. Zunächst kam er daran, mit der Begrüßungsrede. Herr von Bünau machte sich von einigen Vorstandsmitgliedern, die ihn mit Fragen bestürmten, ziemlich brüsk los und eilte, sich räuspernd, durch die Nebenräume, um schnell noch einmal seine Ansprache zu überdenken. Dann erteilte er einem Kellner den Befehl, die Flügelthüren zu schließen, und schritt nunmehr in würdiger Haltung an den mehr und mehr verstummenden Reihen der Geladenen entlang, nach dem Podium. Als seine kleine, aber wohlproportionierte Gestalt im Frack mit den zahlreichen Ordensdekorationen neben dem Pulte des Kapellmeisters erschien, trat augenblicklich eine allgemeine Stille ein.

Herr von Bünau räusperte sich. Sein für gewöhnlich gerötetes Gesicht zeigte eine dunkelrote Färbung. »Meine hochverehrten Damen und Herren! Wenn auch die Epoche des heiligen Krieges schon in dämmernder Ferne hinter uns liegt – – –« Die Worte flossen ihm nur so vom Munde. Er war selbst erstaunt darüber und sprach – das fühlte er – sehr ruhig und gut, ja vortrefflich. Ein Beifallsmurmeln erhob sich, als er zum Schluß in launigen Worten um Nachsicht für die sich anschließende Aufführung bat.

Dann schritt er, etwas traumhaft, die Stufen hinunter nach seinem Sitz, den alter Brauch ihm, als dem ersten Vorsitzenden, in der zweiten Reihe bestimmte, und nahm dort neben seiner Gemahlin Platz. Die ganze vordere Stuhlreihe war, der Möglichkeit eines kaiserlichen Besuches halber, leer gelassen worden.

Der Musikdirektor gab das Zeichen mit dem Taktstock – das Rauschen der Programmblätter wurde hörbar – das Tonstück begann.

Herrn von Bünau überkam die angenehme Empfindung: wie nett und liebenswürdig ihm die Darstellung der »friedlichen Zustände« gelungen war. Er wagte um sich zu blicken und sah überall Gesichter voll freundlicher Erwartung und gespanntester Aufmerksamkeit. Bedeutend mutiger schon und freier gab er sich dem Genusse des Themas »das Volk bei der Arbeit« hin. Unfraglich, seine Musik gefiel, gefiel ungemein. Die Scharte des letzten »musikalischen Abends« – seine unglückseligen Lieder – wurde ausgewetzt. Das fühlte er. Seine Brust hob sich und er lauschte mit unendlichem Wohlbehagen, in das sich Stolz mischte, auf die melodischen Klänge der Schmiedehämmer. welche die »Arbeit des Volkes« originell versinnbildlichten. . . . Daß heute Schollmeyer anwesend, war unbezahlbar! Schon jetzt war das Publikum sichtlich gefesselt. Und wenn erst in die friedlichen Weisen die Spannung hineingekommen, die Kriegsfanfare, das Alarmsignal ertönen würde! . . . Bereits näherte sich die Aufführung jener bedeutsamen Stelle – – – –

Während so in dem festlichen Saale unter den Klängen der Militärkapelle alles sich aufs Glücklichste für den Komponisten und Leiter der »Cäcilia« gestaltete, näherte sich von draußen auf der Straße völlig unerwartet das Verderben. Es mochte etwa zehn Minuten nach Beginn des Musikstückes sein – das auf gut fünf Viertelstunden berechnet war – als eine Patrouille, bestehend aus sechs Mann und einem Unteroffizier durch die belebte Seestraße zog. In der Nähe des »Cäcilia-Gesellschafts«-Hauses blieb der Patrouillenführer plötzlich stehen. »Halt!« – Ein Signal, anscheinend aus ziemlicher Ferne, klang durch die Abendluft, den Straßenlärm übertönend.

»Holla?« sagte der Unteroffizier erstaunt, »das *Alarmsignal?!* – Hört ihr?« – In der That, von neuem und jetzt viel näher erklang das bekannte Signal. Und jetzt noch einmal, schmetternd, ganz nahe – kaum eine Straße entfernt! . . . »Gott straf mich – *die Garnison wird alarmiert!* Dacht ich's doch, weil der Kaiser da ist! Das Signal ertönte wieder. . . . »Das ist hinter der Kreuzkirche!« rief ein Soldat. »Schmeller,« befahl der Unteroffizier, »nehmen Sie Ihre Trompete! Treten Sie vor und blasen Sie – ordentlich!«

Das Signal schmetterte. Die Straße geriet in Aufruhr. »Vorwärts,« kommandierte der Unteroffizier, »im Laufschritt nach der Kaserne!

– Halt! Schmeller, blasen Sie noch einmal!« Wieder erklang das Signal . . . und jetzt ertönte dasselbe antwortend bereits von mehreren Seiten. Das Publikum lief zusammen und drängte neugierig um die Patrouille.

»*Der Kaiser alarmiert die Garnison!*« Der Ruf flog von Munde zu Munde. Aus den Wirtschaften, aus Nebenstraßen, über die Plätze kamen die aufgeschreckten Soldaten angestürzt, hier und da ein Offizier im Geschwindschritt. . . . Der ganzen Bevölkerung bemächtigte sich eine gewaltige Aufregung. »Der Kaiser kommt!« hieß es. »Nein, er ist schon in der Reiterkaserne! 'Naus nach der Reiterkaserne!«

Ein Johlen und Schreien brach los, das die Gassenjugend nach Kräften verstärkte. Und dazwischen, immer aufs neue, bald hier, bald dort, jetzt von allen Seiten das aufregende Alarmsignal! Zweispänner, Droschken mit Offizieren, die aus Gesellschaften und Restaurants geholt sein mochten, rasselten durch die Straßen, ganze Trupps waffenloser, angeheiterter Soldaten jagten hier und dort hin. Und dazwischen immer noch das Alarmsignal! . . .

Als der Trompeter Schmeller das erste Mal geblasen, waren einige Offiziersburschen, die der Klang aus einem Bierkeller der Seestraße hervorgelockt, eiligst in das Gesellschaftslokal der »Cäcilia« gestürzt, um ihre Herren zu benachrichtigen. Herr von Bünau gewahrte mit Unwillen, in den sich einiges Staunen mischte, daß die Thüre sich öffnete – mitten während der Aufführung! – daß ein Kellner sich zu dem Oberst von Hellwaldt herandrängte und dieser sowie der Hauptmann Schimmelpfennig sich schnell erhoben und den Saal verließen. Auch der Hauptmann Prillwitz empfing eine Mitteilung, die ihn schleunigst aufstehen ließ; auf seinen Wink thaten drei, vier Lieutenants ein Gleiches und im Nu hatten alle Militärs, es mochten an die dreißig sein, ihre Plätze verlassen und eilten nach der Ausgangsthüre . . . Das Publikum ward unruhig, bereits standen auch einige Civilisten auf, die Damen flüsterten und warfen ängstliche Blicke um sich . . . und plötzlich erhoben sich in panischem Schrecken die vordersten Reihen und dann mit einem Schlage das ganze Publikum! »Feuer! Es ist Feuer!« . . . Die Musik brach mit schrillem Mißton ab . . .

Herr von Bünau war, blaß vor Aufregung, nach der Ausgangsthür geeilt, um die Ursache des unbegreiflichen Vorgangs zu erkunden. Bei dem Schreckensrufe »Feuer!« eilte er zitternd zurück aufs Podium. »Es ist nichts . . .« Man sah, daß er den Mund bewegte, aber die weiteren Worte verschlang der Lärm. Der größte Teil der Gesellschaft flüchtete erschreckt nach den Ausgangsthüren . . .

In der Thüröffnung erschien ein Offizier, kraftvoll gegen den Menschenstrom ankämpfend: »Ruhe! Es ist kein Feuer! Man alarmiert nur die Garnison!« Das bewirkte, daß sich die Bewegung staute. Herrn von Bünau, immer noch auf dem Podium stehend, schien ein Schwindel anzukommen. Der Kapellmeister legte mit einem verzweiflungsvollen Blick nach dem Obersten den Taktstock auf das Pult . . . Die Musiker packten eiligst ihre Instrumente ein . . .

»Ruhe! Man alarmiert nur die Garnison!« Herr von Bünau wiederholte die Worte laut, aber wie geistesabwesend . . . Seine Worte verhallten in dem Tumulte der Aufbrechenden. »Ah – der Kaiser!« »Der Kaiser alarmiert die Garnison!« »Wo denken Sie hin?« »Unglaublich!« Alles schwatzte, rief, lachte und lärmte durcheinander. Eiligst und ordnungslos drängten Damen und Herren nach den Garderoben, der Saal leerte sich binnen wenigen Minuten . . . Von der Straße herauf klang das Geschmetter des Alarmsignals! . . .

Einige der Vorstandsmitglieder und die nächsten Freunde des Hauses hatten sich um den verstörten Komponisten gedrängt, ihm die Hand schüttelnd und das Mißgeschick beklagend; aber auch diese beeilten sich, nachdem sie dieser Pflicht der Höflichkeit genügt, den noch Fassungslosen zu verlassen und aus dem Saale zu kommen. Herr von Bünau sah sich mit seiner Gemahlin allein, die ihr maliziösestes Lächeln lächelte. »Dein Riesenerfolg!«

Auf der Straße unten ertönten noch immer die Alarmsignale . . . Herrn von Bünau war es, als wenn sie ihm kochendes Blei in die Ohren bliesen. –

Vor den Kasernen draußen standen die Mannschaften in Reih und Glied: Gemeine, Spielleute und die Herren Offiziere. In der Reiterkaserne nahm der Höchstkommandierende, General von Witzleben, ziemlich unwirsch den Rapport des Herrn Obersten entgegen, daß alles vorschriftsmäßig angetreten sei. Durch die menschenbelebten Straßen der Residenz jagten die Ordonnanzen nach den verschiedenen Kasernen, um zu ermitteln, wer den Unfug verübt, da Seine Majestät der Kaiser nicht daran gedacht habe, die Garnison zu alarmieren, sondern bereits um sechs Uhr wieder abgereist sei. –

Herrn von Bünau aber umtobten bis in die Nacht hinein alle Schrecknisse eines anderen Krieges, den der verunglückte »heilige Krieg« heraufbeschworen.

Wie Verlagsunternehmungen zustande kommen.

(Aus der Mappe eines Vielgewandten.)

Herren List & Frommel, Leipzig.
Verlag christlicher Schriften.

Ihrer Diskretion mich versichert haltend, wage ich Ihnen folgendes Verlagsanerbieten zu machen.

Ein Buch, das eines großen Absatzes im christlichen Bürgerstande sicher sein dürfte, wäre eine nicht zu teuere, würdig ausgestattete *Bibel mit Illustrationen* von einem modernen Meister. Mit Ausnahme der neuerdings aufgetauchten greulichen Buntdruckbilderbibeln ist wunderbarerweise bisher keine billige Bilderbibel erschienen. Sollten Sie Interesse für diese Verlagsidee bezeugen, bin ich gern bereit, Ihnen Näheres darüber mitzuteilen.

Hochachtungsvoll
Dr. L. Stromer.

An die Gandersheimsche Abziehbilderfabrik, Gandersheim.

Ihrer Diskretion mich versichert haltend, wage ich Ihnen folgendes Unternehmen für Ihre Fabrikation anzubieten.

Bekanntlich ist es neuerdings in weiteren Kreisen beliebt geworden, die farblosen weißen Öfen (sogenannte »Berliner«), die mit der farbigen Tönung der übrigen Zimmereinrichtung so häßlich kontrastieren, mit Malereien zu versehen. Läßt man dies von einem Maler vornehmen, so ist es teuer; es selbst zu machen, ist nicht jedermann befähigt, überdies ist es mühevoll und – was das schlimmste – unpraktisch, da infolge der Heizung die Farben teils abblättern, teils verblassen. Meine Idee ist nun, diese Malereien durch *farbige Abziehbilder* zu ersetzen. Diese lassen sich von jedem leicht anbringen, kosten wenig und werden von der Heizung nicht angegriffen. Näheres über die Ausführung dieses Projektes werde ich Ihnen gern mitteilen, sobald ich Ihres Interesses versichert bin.

Hochachtungsvoll
Dr. L. Stromer.

Herrn Dr. L. Stromer, Berlin.

Sehr geehrter Herr!

Wir sind nicht abgeneigt, Ihrer Idee näherzutreten. Bitte, teilen Sie uns Ihren Plan und Ihre Bedingungen mit. Wir werden uns alsdann sogleich entscheiden. Unserer Diskretion dürfen Sie in jedem Falle versichert sein.

Mit vorzüglicher Hochachtung

List & Frommel,
Verlagsbuchhandlung.

Herrn Dr. L. Stromer, Berlin.

Ihre Idee interessiert mich. Bitte um nähere Angaben und Honorarbedingungen. Diskretion selbstverständlich.

Hochachtend

C. Stein,
Inhaber der Gandersheimschen Abziehbilderfabrik.

Herren List & Frommel, Leipzig.
Verlag christlicher Schriften.

Die geplante Bilderbibel denke ich mir folgendermaßen. Format: etwa Meyers Konversationslexikon. Lettern: Schwabacher, Mittelgröße. Illustrationen: 40 Blätter in Photogravüren. Als Illustrator kann nur Professor Hellmann in Betracht kommen, der einzige Maler unserer Zeit, der religiöse Innigkeit besitzt. Das Honorar des Illustrators würde 6000, das meinige 3000 Mark betragen. Den Entwurf eines Prospektes füge ich bei.

Hochachtungsvoll
Dr. L. Stromer.

P. S. Bildhöhe 25 Centimeter bei 16 Centimeter Breite.

Prospekt.

Der greuliche Ungeschmack des Tages: grellbunte Farbenklexereien an Stelle edelschlichter Formen zu setzen, macht sich auf dem Gebiete der Kunst immer mehr und mehr breit. Ganz besonders auch auf dem Gebiete der Buchillustration. Moderne Spekulationswut entblödet sich nicht, diesen Geschmack selbst auf die Bibel auszudehnen, sie mit Buntdruckbildern zu versehen und so den Charakter des Buchs der Bücher schnöde zu entweihen. Diesen schmählichen Versuchen, das Ehrwürdige in den unsauberen Strudel geschäftlicher Profitmacherei zu ziehen, will unsere Bilderbibel entgegentreten. Anknüpfend an die edle schlichte Art eines Dürer, Schnorr, Führig u. a. hat der bedeutendste lebende Künstler auf diesem Gebiet, Herr Professor Hellmann in Dresden, eine Reihe stimmungsvollster Blätter geschaffen, aus denen der hohe künstlerische Ernst eines Meisters zu uns spricht, der alle nichtigen Farbeneffekte verschmäht und den Schwerpunkt auf das rein Innerliche legt. Es ist die liebe, alte, vertraute Bildweise, die uns aus diesen Blättern so wunderbar anmutet, die schon des Kindes Auge einst entzückte und das des Greises noch in wehmütiger Freude erschimmern lassen wird u. s. w.

An die Gandersheimsche Abziehbilderfabrik. Gandersheim.

Ich würde zunächst eine Serie von zwanzig Bildern vorschlagen. Nicht mehr. Zwanzig verschiedene Kacheln bringen schon eine sehr reiche Wirkung hervor. Um möglichst vielen Kreisen zu gefallen, wäre es vielleicht gut, Darstellungen aus der biblischen Geschichte zu wählen, aber in jener naiv heiteren Auffassung. wie sie z. B. die alten holländischen Fayencen zeigen, möglichst gefällig, natürlich farbig (bis zu zwölf Druck) und mit Umrahmungen im Barockstil. Format: gewöhnliche Kachel – 14 Centimeter im Quadrat. Der allein geeignete Mann dafür wäre Maler Kleinberger in München. Honorar des Malers:1000, mein Honorar: 400 Mark. Den Entwurf eines Prospektes füge ich bei.

Hochachtungsvoll
Dr. L. Stromer.

Prospekt.

Die trostlose Eintönigkeit, die so lange auf unserer Kunst lastete, ist endlich einer wohlthuenden Farbenfreudigkeit gewichen, die sich mehr und mehr auf allen Gebieten des Geschmacks bemerkbar macht. Ganz besonders auch in unseren Zimmereinrichtungen.

Jedermann kennt das Gefühl der Nüchternheit, welches ein weißer Ofen (sogenannter »Berliner«) inmitten unserer modernen, farbensatten Gemächer hervorzurufen vermag. Neuerdings sucht man, nicht ohne Glück, demselben abzuhelfen, indem man die weißen Kacheln mit Malereien versieht oder versehen läßt. Letzteres ist indessen kostspielig, ersteres nicht jedermanns Sache und überdies mühevoll. Das schlimmste ist aber, daß das ganze Verfahren den Keim der Unsolidität in sich trägt. Die Farben blättern infolge der Heizung ab oder werden doch binnen kurzem unscheinbar. Allen diesen Übelständen helfen die »*Abziehbilder für Ofenkacheln*« ab. Von der Meisterhand Adolf Kleinbergers entworfen, bilden sie mit ihrer graziösen Formengebung, ihrem reizvollen Kolorit den denkbar schönsten Zimmerschmuck, während ihre Haltbarkeit die des Ofens übertreffen dürfte u. s. w.

Herrn Dr. L. Stromer, Berlin.

Sehr geehrter Herr!

Wir sind mit Ihren Vorschlägen und Bedingungen durchaus einverstanden und bitten Sie, die Anfertigung der Illustrationen schleunigst bewirken zu wollen.

Mit vorzüglicher Hochachtung

List & Frommel,
Verlagsbuchhandlung.

Herrn Dr. L. Stromer, Berlin.

Ihre Idee leuchtet mir ein. Da mir auch Ihre Bedingungen zusagen, bitte ich Sie, das Nötige bei Herrn Maler Kleinberger veranlassen zu wollen.

Hochachtend

C. Stein,
Inhaber der Gandersheimschen Abziehbilderfabrik.

Herrn Professor Hellmann, Maler, Dresden.

Verehrter Herr und Freund!

Möchten Sie die Illustrierung einer von mir geplanten Bilderbibel übernehmen? Die Verlagshandlung (List & Frommel) würde 40 Illustrationen (Bildhöhe 14 Centimeter bei gleicher Breite) mit 6000 Mark honorieren. Die Blätter müßten mit gleichmäßig schwarzer Tusche gemalt sein, da die Ausführung in Photogravüre gedacht ist.

Geben Sie mir gütigst bald Nachricht, ob und bis wann Sie die Ausführung der Blätter übernehmen wollen.

Verbindlichsten Gruß!
Ihr
Dr. L. Stromer.

Herrn Kunstmaler Kleinberger, München.

Sehr geehrter Herr!

Die Sitte, die Kacheln der weißen Öfen zu bemalen, wird Ihnen bekannt sein. Die Gandersheimsche Abziehbilderfabrik wünscht eine Anzahl solcher Malereien mechanisch herzustellen. Würden Sie für die Summe von 1000 Mark die Anfertigung von zwanzig farbigen Entwürfen für gedachten Zweck übernehmen? Die Wirkung muß natürlich eine möglichst gefällige, farbige und dekorative sein. Um auch dem herrschenden Geschmack gewisser Kreise zu entsprechen, sollen sämtliche Stoffe der biblischen Geschichte entlehnt werden, doch müßte die Behandlung von jener naiv-heiteren Art sein, wie sie die alten holländischen Fayencen zeigen, flotte Kompositionen mit Barock-Arabesken als Umrahmung.

Bildhöhe: 25 Centimeter bei 16 Centimeter Breite.

Ich erbitte eine gefällige Äußerung, ob und bis wann ich die Blätter erwarten darf.

Hochachtungsvoll
Dr. L. Stromer.

Herrn Dr. L. Stromer, Berlin.

Lieber Freund!

Sie dürfen auf mich rechnen und die Ablieferung der 40 Illustrationen innerhalb 6 Monate bestimmt erwarten.

Herzlichen Gruß

Ihr
F. Hellmann, Prof.

Herrn Dr. Stromer, Berlin.

Hochverehrter Herr!

Gern bin ich bereit, die Anfertigung der Bilder zu übernehmen. Ich kann Ihnen freilich die Ablieferung, da ich frühere Aufträge zu erledigen habe, kaum vor Ablauf eines halben Jahres versprechen.

Mit dem Ausdruck hoher Verehrung

ergebenst
A. Kleinberger, Kunstmaler.

Herrn Professor Hellmann, Maler, Dresden.

Hochverehrter Freund!

In größter Aufregung nur wenige Zeilen! Vor einer Stunde empfing ich die seiner Zeit bei Ihnen bestellten vierzig Illustrationen zu meiner Bilderbibel. Die Ausführung ist entzückend, die Auffassung wundervoll! Aber, hochverehrtester Freund – wie konnten Sie meine Angaben über das *Format* der Illustrationen so völlig außer acht lassen! Stellen Sie sich meinen Schreck vor, als ich das Maß anlegte und konstatieren mußte, daß sie anstatt der vorgeschriebenen 25 Centimeter – *14 Centimeter* genommen haben! 14 anstatt 25 – wie war das nur möglich?! Und auch in der Breite *2 Centimeter weniger*, wie angegeben! Ich stehe vor einem Rätsel und bin außer mir, ratlos, fassungslos, was nun zu machen sei. Bitte, antworten Sie mir *umgehend!*

In größter Eile

Ihr

Dr. L. Stromer.

P. S. Ließen sich die Blätter nicht nachträglich auf das richtige Format *übertragen?*

Herrn Dr. L. Stromer, Berlin.

Lieber Freund!

Ich habe genau *die* Maße eingehalten, die mir Ihr damaliges Schreiben, das ich beifüge, angab, nämlich 14 Centimeter im Quadrat. Wenn dieses Maß ein irriges war, so beklage ich das sehr, fühle mich aber schuldfrei. Zu einer Übertragung der Blätter auf ein so völlig anderes Format kann ich mich unter keiner Bedingung verstehen.

Herzlichst

Ihr

F. Hellmann, Prof.

Herrn Kunstmaler Kleinberger, München.

Sehr geehrter Herr!

Helfen Sie mir von einem quälenden Gedanken, der mich seit gestern auf das fürchterlichste beunruhigt! Als ich Ihnen vor cirka einem halben Jahre die Anfertigung von zwanzig farbigen Bildern für Ofenkacheln übertrug, bezeichnete ich Ihnen doch wohl das Format mit *14 Centimeter im Quadrat?* Seit gestern verläßt mich nicht die Vermutung, ich könnte Ihnen ein falsches Maß (25 Centimeter

Höhe, 16 Centimeter Breite) angegeben und damit etwas veranlaßt haben, was kaum wieder gut zu machen wäre.

Bitte, beruhigen Sie mich hierüber. Sollte ich wirklich irrtümlich letzteres Maß angegeben haben, so bleibt noch die Hoffnung, daß Sie möglicherweise noch gar nicht an die Herstellung der Bilder gegangen sind?

Ihrer umgehenden Erwiderung sieht in höchster Spannung entgegen

Ihr
hochachtungsvoll ergebener
Dr. L. Stromer.

Herrn Dr. L. Stromer, Berlin.

Hochverehrter Herr!

Ihre Mitteilung hat mich furchtbar erschreckt. Die zwanzig Blätter lagen, als ihr gestriger Brief kam, bereits fix und fertig zum Einpacken da und haben in der That, Ihren damaligen Angaben entsprechend (ich füge den Brief bei), *eine Bildhöhe von 25 Centimeter bei 16 Centimeter Breite!* Der unglückselige Irrtum! Leider läßt sich in diesem Falle auch durch eine photographische Verkleinerung schwerlich Abhilfe schaffen, da die Verhältnisse der verwechselten Formate gar zu verschieden voneinander sind. Ich bitte freundlich, den höchst unliebsamen Vorfall mir nicht entgelten zu lassen.

Mit dem Ausdruck hoher Verehrung

Ihr ergebenster
A. Kleinberger, Kunstmaler.

Herren List & Frommel, Leipzig.
Verlag christlicher Schriften.

Nach reiflichster Überlegung habe ich mich zu einer kleinen Abänderung unseres Verlagsunternehmens entschließen müssen. Besonders stimmten mich dazu folgende Erwägungen: 1. Ganz ist der modernen Neigung zu farbiger Illustration die Berechtigung nicht abzusprechen. 2. Der Schwarzdruck vermag auf die Dauer mit dem Buntdruck nimmermehr zu konkurrieren. Beweis z. B. die Jugendbilderbücher. Folgerichtig bin ich danach zu dem Entschlusse gelangt, unsere Bibel doch mit *farbigen* Illustrationen (nicht mit Photogravüren) auszustatten. Einmal auf diesem Standpunkt, mußte ich natürlicherweise einen andern Illustrator wählen, da Professor Hellmann, wie Sie ja wissen, einer Schule angehört, die die Farbe perhorresziert. Ich wählte also Adolf Kleinberger, den berühmten Koloristen, der denn auch mit ganzer Liebe daran gegangen ist und die beigefügten Illustrationen geliefert hat, die gewiß auch Ihr Entzücken erregen werden. Solche farbige Darstellungen stellen sich selbstverständlich weit höher im Preis als die für Photogravüre. Ich konnte deshalb für das stipulierte Honorar nur zwanzig Blatt erlangen. Diese Anzahl genügt aber auch, wie ich glaube, und zugleich wird durch diese Verminderung der Blätter der Kostenpunkt ins Gleichgewicht gebracht. Zwanzig Blätter in Buntdruck (bis zu zwölf Farben) werden sich in der technischen Ausführung kaum viel teurer stellen als vierzig in Photogravüre. Dem Prospekt, der ja einige kleine Änderungen erfahren muß, bitte ich nunmehr folgenden Wortlaut zu geben. (Ich lege den Entwurf bei.)

Hochachtungsvoll
Dr. L. Stromer.

Prospekt.

Die trostlose Eintönigkeit, die so lange auf unserer Kunst lastete, ist endlich einer wohlthuenden Farbenfreudigkeit gewichen, die sich mehr und mehr auf allen Gebieten des Geschmackes bemerkbar macht. Ganz besonders auch auf dem Gebiete der Buchillustration! Längst war in christlichen Gemütern von jener innerlichen Freudigkeit, die sich instinktiv von allem Asketischen abwendet, der Wunsch aufgetaucht, unsere Bibel, das Buch der Bücher, mit *farbigen* Kunstblättern geschmückt zu sehen. Die strenge, starre Art eines Dürer, Schnorr, Führig u. a. entspricht nicht mehr unseren neuzeitlichen Anschauungen und vermag deshalb den modernen Christen auch nicht mehr zu erbauen. Wir hofften uns deshalb den Dank des christlichen Volkes zu verdienen, als wir, Mühen und Opfer nicht scheuend, eine *farbige Bilderbibel* von der Künstlerhand unseres Adolf Kleinbergers herstellen ließen. Vor den entzückenden

Blättern dieses Meisters wird es dem Beschauer schwer, zu entscheiden, was mehr daran zu rühmen: die schlichte Innigkeit der Kompositionen oder die heitere Grazie, welche der Künstler in den phantastischen Umrahmungen seiner Kompositionen erweist. Ob aber auch die Behandlung eine höchst originelle, im Grunde genommen ist es doch die liebe. alte, vertraute Bildweise, die uns aus diesen Blättern so wunderbar anmutet, die schon des Kindes Auge einst entzückte und das des Greises noch in wehmütiger Freude erschimmern lassen wird u. s. w.

An die Gandersheimsche Abziehbilderfabrik, Gandersheim.

Nach vielen reiflichen Erwägungen halte ich es doch für richtiger, wenn wir *fürs erste* bei unseren Abziehbildern für Kacheln den Schwerpunkt auf die *reine Form* legen und also mit einer Serie von *einfarbigen* Drucken (natürlich höchst künstlerischer Art!) den Anfang machen. Ich habe deshalb die Malereien nicht bei Kleinberger (der nur in *Farbeneffekten* Gutes leistet), sondern bei Herrn Professor Hellmann, dem Meister der *Form*, bestellt, der auch gleich vierzig Blatt (anstatt zwanzig) für dasselbe Honorar geliefert hat, die ich beifüge und die, wie Sie zugestehen werden, das Großartigste sind, was es in dieser Art giebt. Da vierzig *ein*druckige Kacheln sehr viel billiger herzustellen sind als zwanzig *zwölf*druckige, so haben wir noch den großen Vorteil, gleich mit einer *reichen* Serie auf den Plan treten zu können, was jedenfalls bei dem Verkauf sehr ins Gewicht fällt. Dem Prospekt, der ja einige kleine Änderungen erhalten muß, bitte ich nunmehr folgenden Wortlaut zu geben. (Ich füge den Entwurf bei.)

Hochachtungsvoll
Dr. L. Stromer.

P r o s p e k t.

Der greuliche Ungeschmack des Tages: grellbunte Farbenklecksereien an Stelle edelschlichter Formen zu setzen, macht sich auf dem Gebiete der Kunst immer mehr und mehr breit. Ganz besonders auch in den Schmuckgegenständen unserer Zimmereinrichtungen. So ist es neuerdings Mode geworden, die weißen, sogenannten »Berliner«-Öfen mit allerlei bunten Arabesken zu bemalen. Es ist nicht zu leugnen, daß diese Öfen meist in wenig angenehmem Kontrast zu der übrigen farbig getönten Zimmereinrichtung stehen und daß eine Bemalung derselben einem ästhetischen Bedürfnis entspricht. Leider nur geschieht diese Bemalung in den meisten Fällen auf die angedeutete rohe, kunstwidrige Weise. Außerdem ist das Verfahren kostspielig oder doch mühevoll und überdies unpraktisch, da die Farben infolge der Heizung teils abblättern, teils verblassen. Allen diesen Übelständen helfen unsere »*Abziehbilder für Ofenkacheln*« ab. Von der Meisterhand Professor Hellmanns entworfen, bilden sie mit ihrer edelschlichten Formgebung, ihrem dezenten Kolorit, den denkbar schönsten Zimmerschmuck, während ihre Haltbarkeit die des Ofens übertreffen dürfte u. s. w.

Das Lutherfestspiel in Schilda.

Herr Schnüffler, der umsichtige Wirt des Bahnhotels zu Schilda, hatte eines Septemberabends, nachdem er den letzten Gast zur Thüre geleitet, sich ermüdet auf das Sofa niedergelassen, das Tageblättchen ergriffen und im Halbschlaf überflogen – als ihn eine Notiz über den Nachbarort Triebelshain plötzlich wieder munter machte. Die Notiz handelte von dem erstaunlichen Erfolg des dort aufgeführten Lutherfestspiels, ein Erfolg, von dem Referent nicht genug Rühmens machen konnte. Herr Schnüffler, der sich erinnerte, neulich ähnliches von den Lutherfestspielen in Eilenburg und Bitterfeld gelesen zu haben, versank in tiefe, allem Anscheine nach nicht unangenehme Gedanken. Diese begleiteten ihn auf sein Lager, das er bald darauf aufsuchte und schienen ihn, nach dem Ausdruck seiner Züge zu urteilen, noch im Schlafe als freundliches Traumbild zu umgaukeln.

Als der rührige Wirt andern Morgens gegen sechs Uhr seinen Kaffee schlürfte, hatte sich bereits ein fester Plan in seinem kahlen, nur mit einer »Sardellensemmel« gezierten Haupte gebildet. Schilda mußte sein Lutherfestspiel bekommen und in dem großen Saal seines Hotels mußte es zur Aufführung gelangen. – Die Stadthausuhr von Schilda zeigte die Mittagsstunde, als Herr Schnüffler den Ratskeller, das Lokal der Honoratioren, betrat. Der große runde Stammtisch war bereits dicht besetzt. Mit Mühe gelang es dem ehrerbietig grüßenden Schnüffler einen Stuhl neben dem des Herrn Pastors einzuschieben, eines starkbeleibten Vierzigers mit blassem schwammigen Gesicht, aus dem dunkle Lackaugen blickten. Herr Schnüffler hielt sich zunächst bescheiden zurück. Erst während einer lebhaften Debatte über Sauerkrautzubereitung richtete er wie gelegentlich an seinen Nachbar die Frage: »Haben der Herr Pastor vielleicht gehört, wann die erste Aufführung des Lutherfestspiels vor sich gehen dürfte?«

»Bei uns? Ein Lutherfestspiel?« versetzte dieser höchlich verwundert. »Nun, es war doch öfters davon die Rede«, sagte Herr Schnüffler, die Stimme dämpfend. »Das erste, was ich davon höre,« versicherte der Pastor. »Haben die Herren schon vernommen, daß hier das Lutherfestspiel aufgeführt werden soll?« wandte er sich an die Umsitzenden. »Hier? das Lutherfestspiel? Von wem denn? Wo denn?« So schwirrten die Fragen durcheinander. Nur der Lotterie-kollekteur Birkner, der nie zugegeben haben würde, über etwas ununterrichtet zu sein, versetzte: »Ja – es ist hin und wieder davon gesprochen worden –« »Das gleiche behauptet Herr Schnüffler,« sagte der Pastor. »Mir war bisher nichts davon zu Ohren gekommen.« »Ich glaube,« nahm der Schnittwarenhändler Kurz das Wort, im Geiste bereits einige hundert Meter Gewandstoffe verschneidend, »die Sache würde von der Bürgerschaft mit Freuden begrüßt werden, vorausgesetzt,« setzte er mit einer verbindlichen Handbewegung nach dem Pastor hinzu, »daß die Leitung in die rechten Hände käme.« Der Pastor hob die fetten Hände. »Ich würde mich natürlich einem Wunsche der Gemeinde nicht entziehen. Aber zunächst müßte man doch über die Wahl des Stückes schlüssig werden: es giebt sehr viele Lutherfestspiele. Welches ist nun das beste?« »Wenn ich mir erlauben darf, entschieden das von Trampelmeyer!« fiel hier Buchhändler Herfurt ein, der von dem Trampelmeyer-schen, im Ramsch erworben, noch fünfhundert Stück auf Lager hatte. »Von Kirchenrat Trampelmeyer?« sagte der Pastor. »Hm. Ich habe Gutes darüber gehört.« »Bringen Sie doch in Ihrem Blatt eine anregende Notiz,« wandte sich Kurz an Druckereibesitzer Wendlandt. »Nun, vielleicht besprechen die Herren die Sache zunächst im Familienkreise,« schloß der Pastor, sich erhebend, und damit das Zeichen zum Aufbruch gebend. Auch Herr Schnüffler empfahl sich unter ehrerbietigen Verbeugungen: die Lawine war ins Rollen gebracht. –

Selbigen Mittags wurde in fünfzehn Honoratiorenfamilien die Aufführung des Trampelmeyerschen Lutherfestspiels erörtert. Im Schildaer Tageblatt aber las man andern Morgens: »Wiederholt ist in unserer Bürgerschaft der Wunsch laut geworden, nach dem Vorgange anderer Städte auch in Schilda ein Lutherfestspiel zur Aufführung zu bringen. Neuerdings scheint dieser Wunsch feste Gestalt anzunehmen. Die Nachricht dürfte in allen Kreisen lebhafte Freude hervorrufen.« – Schon am Mittag dieses Tages zirkulierte am Ratskellerstammtisch die Liste eines Festspiel-Ausschusses, Pastor und Bürgermeister an der Spitze. Aus der heute besonders lebhaften Unterhaltung ging hervor, daß für die Besetzung der Hauptrollen: Luther, Melanchthon und Käthe von Bora nur Gerber Lange (das größte schauspielerische Talent von Schilda), Oberlehrer

Timpe und Liddy Vollert in Frage kommen konnten. Schwieriger gestaltete sich die Entscheidung bezüglich der anderen Personen des Stückes. Posthalter Lätsch weigerte sich entschieden, den »Tetzel« zu übernehmen, wofür er durchaus geeignet war, und bestand auf Kaiser Karl V., für den er mit seiner Kugelgestalt recht wenig paßte. Auch über die Besetzung des Staupitz, des Herzogs von Sachsen und Ulrichs von Hutten gingen die Ansichten weit auseinander. Ganz besonders aber entbrannte ein heftiger Streit wegen des Thomas Münzer, für den die Fortschrittsfraktion des Stammtisches den Volksschullehrer Knille, einen wütenden Radikalen – die zahlreichere konservative Partei den Friseur Hahn aufstellte. Die Gemüter erhitzten sich und der Streit drohte in Thätlichkeiten überzugehen, als der wegen seiner Rücksichtslosigkeit gefürchtete Dr. Schmeisser hohnlachend erklärte: Thomas Münzer dürfe nicht von einem geleckten Süßhahn dargestellt werdet Der anwesende Hahn verbat sich hoch erregt dergleichen Gemeinheiten; da er aber unglücklicherweise stark mit der Zunge anstieß, so verfehlte die sonst treffende Zurechtweisung die beabsichtigte Wirkung und die Ansicht gewann Anhänger, daß der lispelnde Hahn doch wohl nicht recht für den wilden Bauernführer geeignet sei. Man trennte sich schließlich, ohne eine Einigung erzielt zu haben, nachdem von den anwesenden Festspiel-Ausschußmitgliedern eine entscheidende Sitzung über die Besetzungsfrage für übermorgen angesagt worden war. Schon andern Tages aber trat der Ausschuß zur Vorberatung zusammen, in der die Besetzung aller Rollen provisorisch festgestellt und der morgigen Versammlung nur die endgültige Entscheidung über diese Feststellung vorbehalten ward. Wirklich erzielte man dadurch andern Tags insofern ein günstiges Resultat, als die Besetzung der drei Hauptrollen glatt durchging und die der meisten übrigen nach den Vorschlägen des Ausschusses gebilligt ward. Nur über einige wenige erhob sich eine Debatte. Zu diesen gehörte die Rolle Kaiser Karls V., um die sich, außer dem Bürgermeister (Posthalter Lätsch war zur Übernahme Tetzels bewogen worden), der Schornsteinfeger Schladebach bewarb. Sie wurde schließlich, da sie nur eine »Repräsentationsrolle« war, bei der es nichts zu sprechen gab, ersterem zugeteilt, in stillschweigender Erwägung, daß für diesen, der Ehrenhalber doch eine Rolle erhalten mußte, diese die geeignetste sei, da er die Gabe besaß, auch in kurzen Reden stecken zu bleiben. Schladebach wurde mit Friedrich dem Weisen abgefunden. Länger dauerte der Kampf um des Herzogs von Sachsen Rolle, die aber zuletzt, dank der rührigen Agitation seiner Anhänger, Schnittwarenhändler Kurz zufiel, der damit den gewünschten Einfluß auf den »Geschäfts-Ausschuß« erlangte, dem die Einkäufe an Stoffen u. dgl. oblagen. Was den Thomas Münzer betrifft, so war die günstige Stimmung für Knille infolge weiblicher Einflüsse längst wieder umgeschlagen: Hahns Wahl ging darum mit großer Majorität durch, während es Dr. Schmeisser nur mit Mühe gelang, Knille im Verhinderungsfalle Hahns als Vertreter durchzusetzen. Als Aufführungslokal – wie auch für die Proben – ward einstimmig der Saal des Bahnhotels gewählt, nachdem der Pastor, dem der aufmerksame Schnüffler drei Flaschen Steinhäger gesandt, dies als »selbstverständlich« erklärt hatte. Schon den Tag nach der entscheidenden Beratung waren die fünfhundert Exemplare des Trampelmeyerschen Stückes abgesetzt: cirka fünfzig an die Darsteller, das Gros erwarb der Ausschuß für den Verkauf an der Kasse. Die Proben, vom Oberlehrer Timpe (Historisches) und Stubenmaler Arnold (Kostüm) geleitet, nahmen guten Fortgang, und nach kaum drei Wochen konnte bereits in Kostümen (aus einem Maskenleihgeschäft der Residenz, durch Zukauf aus Kurz' Handlung ergänzt) die Generalprobe stattfinden, die wahrhaft glänzend verlief. Für den nächsten Tag war die erste Aufführung angesetzt. Am Morgen dieses Tages ging dem Ausschuß ein Billet des Friseur Hahn zu, worin dieser wegen heftigen Unwohlseins seine Mitwirkung für den Abend absagte, jedoch die Hoffnung aussprach, an den ferneren Aufführungen teilnehmen zu können. Auf Antrag des Dr. Schmeisser wurde sofort zu Knille gesandt, der sich zur Übernahme der Partie bereit erklärte. So fanden sich denn, nach Überwindung auch dieses Hindernisses, gegen fünf Uhr alle Darsteller mehr oder minder freudig erregt in den Ankleidezimmern des Bahnhotels ein. Sämtliche Gehilfen Hahns und der zweite Barbier des Städtchens mit seinem Personal hatten schon seit den Mittagsstunden in Schminken und Frisieren das Unglaublichste geleistet. Die Uhr zeigte dreißig Minuten über Sechs. In den Nebenräumen der Bühne wandelten Fürsten, Reformatoren und Widersacher, nebst Gemahlinnen und Töchtern in den teilweis höchst prächtigen Gewändern umher, der Regisseur, ein Chorist des Residenz-Theaters, waltete eifrig seines Amtes, der Souffleur, der alte Kantor Zippe saß bereits in seiner eigens für diesen Zweck angefertigten

Renaissance-Muschel. Im Zuschauerraum, vor dem etwas fadenscheinigen Vorhang, den die »Erholung« hergeliehen, bewegte sich eine seit Wochen durch Riesenplakate alarmierte, schaulustige Menge erwartungsvoll auf den engbemessenen Sitzen. Da ertönte die Theaterschelle. Der Dirigent der städtischen Kapelle gab das Zeichen mit dem Taktstock, und unter den feierlichen Klängen eines Chorals hob sich der Vorhang.

Gleich die erste, tragikomische Scene des Ablaßstreites mit Tetzel riß das Publikum zu lauten Beifallsäußerungen hin. Sehr stattlich nahm sich Friedrich der Weise (Schornsteinfeger Schladebach) aus, auch Staupitz (Ofensetzer Hummel) und Lukas Kranach (Stubenmaler Arnold) fanden sich gut mit ihren Rollen ab. Geradezu großartig war Luther (Gerber Lange), trefflich auch Melanchthon (Oberlehrer Timpe) und die genasführten Dominikanermönche, vor allen Tetzel (Posthalter Lätsch) riefen stürmischen Jubel auf den hintersten Bänken hervor.

Der zweite Akt brachte neue Personen, unter denen Liddy Vollert als Käthe von Bora, entzückend in ihrer Nonnentracht, alle überstrahlte. Dr. Eck (Seifensieder Hempel) wurde riesig belacht, und die tumultuierenden Studenten steckten das Publikum mit ihrer Begeisterung dermaßen an, daß der Ruf »Sitzenbleiben« minutenlang den Jubel auf der Bühne übertönte. Geradezu überwältigend aber wirkte die Reichstagsscene im dritten Akt! Der Bürgermeister, der, solange er nicht den Mund aufthat, wirklich vielversprechend aussah repräsentierte Kaiser Karl V. ganz vortrefflich, die Fürsten, Herzöge und Kardinäle entzückten durch ihre prächtigen Kostüme, und die Ritter von Brahe (Leimfabrikant Vollert) und Hutten (Dr. Schmeisser) durch ihre kernige Sprache. – Die Teufelserscheinung des vierten Aktes mit der berühmten Tintenfaßscene erhöhte die Stimmung noch um ein bedeutendes. Am Ende dieses Aktes sah man den Schuldirektor Rettig (der in außergewöhnlichen Fällen für das Tageblatt referierte) sich erheben und den Saal verlassen: unzweifelhaft um den Bericht über die Aufführung noch rechtzeitig der Druckerei übergeben zu können.

Hinter der Bühne hatte sich inzwischen etwas Merkwürdiges ereignet. Gegen neun Uhr, um die Mitte des vierten Aktes war unerwartet in phantastischem Kostüm der Friseur Hahn erschienen und hatte sich, als wiederhergestellt, zur Übernahme seiner Rolle (des Thomas Münzer – der erst im fünften Akt die Bühne betrat) gemeldet. Dies befremdliche Ansinnen war von dem Lehrer Knille, der als Thomas Münzer kostümiert, bereits des Stichworts harrte, nicht unberechtigt aber freilich sehr grob zurückgewiesen worden, was aber nur den hocherregten Herrn Hahn zu der Erklärung hinriß, er werde den Münzer spielen und wenn er mit Herrn Knille zusammen auftreten sollet Da alles Zureden, ja Befehlen der Festspiel-Leiter nichts fruchtete, der wilde Knille und der sonst so sanfte Hahn obstinat blieben, so bemächtigte sich der Aufführenden eine völlige Ratlosigkeit. Die ohnehin unglaublich verlängerte Pause mußte enden, der Regisseur gab das Zeichen, von dem Beginn der Vorstellung Sänftigung der Gemüter erhoffend. Auf die spukhafte Teufelsscene nahm der fünfte Aufzug unter dem bedeutsamen Titel: »Die Bilderstürmer« unter höchster Spannung der Zuschauer seinen Anfang. Das Selbstgespräch Luthers, im Zwielicht der Zelle, verstärke die Spannung ins ungeheuerliche. Ein Grausen überlief die atemlos lauschende Menge, als auf die Frage des entsetzten Mönchs: »Wer bist du, Phantom?« plötzlich *zwei* Gestalten vor dem Reformator auftauchten und *beide* mit hohler Grabesstimme antworteten: »Ich bin der Prophet, den sie Thomas Münzer nennen!« – Das Grausen des Publikums verwandelte sich aber in starre Verwunderung, als blitzschnell ein Arm, aus der Coulisse fahrend, den einen Thomas der Bühne entrückte, worauf *hinter* der Coulisse ein Geräusch wie von zwei Maulschellen laut wurde, dem der erstickte Aufschrei: »Unerhörte Frechheit!« und ein wildes Gestampf und Gepolter folgte, in dem Luthers und des zurückgebliebnen Münzers Worte völlig verloren gingen! – Der Lärm verstärkte sich, kreischende Rufe, klatschende Schläge wechselten ab mit Geräuschen, als wenn Tische und Stühle umgestürzt würden und sich einige Dutzend Menschen im Handgemenge befänden. Luther und Münzer waren von der Bühne geflüchtet. Eine ungeheure Aufregung bemächtigte sich des Publikums! Die meisten waren von den Sitzen aufgesprungen, viele auf die Bänke gestiegen. Die Entschlossensten überkletterten den Orchesterraum, drangen auf die Bühne und hinter die Coulissen – und hier bot sich ihnen ein Schauspiel, das an dramatischer Lebendigkeit sämtliche Scenen der heutigen Aufführung weit übertraf! Zwischen umgestürzten Tischen und Stühlen, zerbrochenem Geschirr wälzten sich zum Knäuel verwachsene

Fürsten, Reformatoren und Bilderstürmer in wildem Kampfe auf der Diele. Hutten bearbeitete in knieender Stellung den am Boden strampelnden Hahn-Münzer, den vergeblich Kaiser Karl und Herzog Ernst den Händen des wütenden Ritters zu entreißen suchten. Luther mühte sich Melanchthon, der seine Perücke und beinahe den ganzen hinteren Gewandteil eingebüßt, mit vieler Kunstfertigkeit ein Bein zu stellen, während Tetzel, Friedrich der Weise, Herr Schnüffler und sechs wittenbergische Studenten Münzer-Knille zu bändigen bestrebt waren, der wie ein Rasender um sich hieb und ganz besonders den unglücklichen Schnüffler bedachte, der wohl in der Absicht zu schlichten, in die illustre Gesellschaft geraten war. Kardinäle, Mönche, Bauern und Ritter umgaben in wildbewegten Gruppen die Kämpfer, beschwichtigend und anfeuernd. Die Damen hatten sich seitab geflüchtet und umstanden hilfeflehend den Pastor, der einem Jesaias ähnlich, Blicke und Hände kummervoll gen Himmel hob. – Endlich hatten der Regisseur und einige vom Ausschuß die Besonnenheit, den Vorhang fallen zu lassen und die eingedrungenen Zuschauer von der Bühne zu scheuchen. Inzwischen tobte der Kampf unvermindert weiter, ja, er hatte einen neuen Aufschwung genommen, weil der übel zugerichtete Herr Schnüffler sich hinreißen ließ, von »gemeinen Flabbsen« zu sprechen, worauf er von Luther-Lange eine Ohrfeige erhielt, die er umgehend erwiderte, was ihm aber leider drei weitere eintrug und – da Melanchthon nunmehr seine Partei ergriff – ein neues Handgemenge veranlaßte. – Bei solcher Sachlage blieb nichts übrig, als dem ungeduldig trampelnden Publikum die Mitteilung machen zu lassen, daß wegen plötzlicher Unpäßlichkeit einiger Darsteller das Stück leider nicht zu Ende geführt werden könne.

Im Schildaer Tageblatt aber las man andern Morgens am Schluß eines mit R. unterzeichneten, begeisterten Referats über die erste Aufführung des Lutherfestspiels: So hat denn der Verlauf der schönen, wahrhaft erhebenden Aufführung den erfreulichen Beweis geliefert, daß der religiöse Geist auch in unserem Bürgerstande noch keineswegs erloschen ist, wie der Materialismus unserer Tage mit so viel Dreistigkeit zu behaupten wagt.

Die Uhr.

Mein Freund Engelhart besitzt eine silberne Taschenuhr, die früher an einigen Stellen sogar vergoldet gewesen ist, fünfundvierzig Mark gekostet hat und nach Aussage meines Freundes vortrefflich geht, wenn sie nicht gerade steht, was nach seiner Ansicht nur selten vorkommt, sonderbarerweise aber immer dann, wenn man Freund Engelhart nach der Zeit fragt.

Es ist also eine ganz gewöhnliche Uhr. Merkwürdig ist sie nur dadurch, daß ihr Besitzer mit einer wahrhaft fanatischen Zuneigung an ihr hängt. Wie oft haben wir Freunde – in früheren Zeiten, jetzt schon lange nicht mehr – ihm geraten, sich eine zuverlässigere Uhr anzuschaffen, wenn wir bemerkten, daß er ihr durch Schütteln oder Aufdentischklopfen einen unmotivierten, aber hartnäckigen Stillstand zu benehmen suchte. Aber da kamen wir schön an!

»Thut mir den einzigen Gefallen« – pflegte er dann zu sagen – »und laßt meine Uhr in Frieden. So wie sie ist, ist sie gerade das, was ich brauche. Ich will gar keine von den langweiligen Chronometern, die mit greulicher Regelmäßigkeit gehen und sich nie einen eigenen Einfall erlauben. Ich huste was auf diese mechanische Tugendboldigkeit und bin stolz darauf, eine Uhr zu besitzen, die Charakter hat. Jawohl *Charakter* – ihr braucht nicht zu lachen. Deine Uhr, lieber August, ist aus Glashütte und hat vierhundertundfünfzig Mark gekostet – was ihr Gott verzeihen möge, ich kann's nicht, denn dafür hätte man fünfundvierzig Bowlen trinken und sich immer noch eine Uhr kaufen können! – und was hast du mit dieser Uhr erreicht? Nichts, als daß du dich seitdem über alle Turmuhren ärgerst, die mit weniger tödlich-langweiliger Sicherheit wie deine funktionieren und deshalb bald ein paar Minuten früher, bald ein paar Minuten später schlagen – beiläufig gesagt: *etwas*, was *mir* eine wahre Wonne ist, die ich stundenlang genießen könnte. Dagegen hast du dir, armer Kerl, mit diesem sündlich teuren Musterexemplar von Zeitmesser alle die kleinen Freuden verscherzt, die eine weniger vornehme aber charaktervollere Uhr mit sich bringt, Freuden, die man nicht unterschätzen soll. Beispielsweise, wenn man in der Furcht, der Zug sei schon abgefahren, auf die Bahn gehetzt kommt und nun inne wird, daß unsere Uhr zwanzig Minuten *vor*geht, also noch reichlich Zeit vorhanden ist, ehe der Zug überhaupt einfährt Oder, wenn man mißmutig nach dem Bahnhof schlendert mit der moralischen Verpflichtung, eine unliebsame Persönlichkeit, etwa eine Erbtante, abzuholen und vor der Bahnuhr erkennt, daß unsere Uhr stehen geblieben, der Zug bereits vor einer Viertelstunde eingelaufen ist und man also das Glück hat, unbeabsichtigt zu spät zu kommen – *unbeabsichtigt*, wohlverstanden, wie man nötigenfalls beschwören kann! Das sind so zwei Fälle – ich könnte euch zehn und mehr anführen, ich will aber in niemand die Empfindung des Neides wecken, Gott bewahre, so niederträchtig bin ich nicht. Und nun bildet euch nicht ein, daß meine Uhr tagtäglich solche Capricen hätte. Ganz und gar nicht. Und das ist eben der Reiz der Sache! Denn wenn sie immer falsch ginge, würde sie mir gerade so widerwärtig sein, wie Glashütte und Konsorten, die immer richtig gehen – die Protzen!«

So ungefähr folgert mein Freund Engelhart, und es ist wahr, man kann wenig dagegen vorbringen, wenigstens nichts, was auf *ihn* Eindruck machte. Dagegen müssen wir Freunde seinetwegen immer auf der Hut sein. Er ist sehr leicht verletzt, wenn man ihn beim Stellen seiner Uhr überrascht. Und das zu vermeiden ist fast unmöglich. Wehe dem, der in solchem Falle harmlos fragte: »Sie geht wohl wieder nicht?« Es ist noch ein Glück, wenn Engelhart dann die Uhr in die Tasche steckt und gleichmütig äußert: »Sie geht vorzüglich, wenn sie nicht steht – das weißt du ja. Aber sie ist ein bißchen verwöhnt und beansprucht manchmal dreimal aufgezogen zu werden.« Unser Freund Herzer hatte einmal die Unvorsichtigkeit, darauf zu sagen: »Pro Stunde?« – was ihm einen wütenden Blick und die Bemerkung Engelharts eintrug, daß es Leute gäbe, deren geistiges Räderwerk jede Minute aufgezogen werden müsse.

Schon das Wort »Glashütte« wird in unserem Freundeskreise, sobald sich Engelhart unter uns befindet, möglichst vermieden – es hat auf diesen stets eine explodierende Wirkung. Auch wenden sich alle rücksichtsvoll ab, sobald sie bemerken, daß unser Freund seine Uhr *schüttelt*. Sie wissen, daß er dabei stets herausfordernde Blicke um sich wirft, die leicht eine unvorsichtige Frage hervorrufen können. Das ist etwas lästig, aber Engelhart ist im übrigen ein so guter Kerl, daß man ihm diese Schwäche nun einmal zu gute hält.

Vor einiger Zeit nun war eine seltsame Aufregung an unserem Freunde bemerkt worden und ein so häufiges Schütteln der Uhr, daß sich in unserem Kreise das Gerücht verbreitete, sie ginge schon seit Wochen gar nicht mehr. Das Gerücht erhielt sich hartnäckig. Sein ältester Freund – eben jener August, der das Unglück hat, eine »Glashütter« zu besitzen – übernahm es endlich, nach Rücksprache mit uns übrigen, Engelhart darüber offen zu fragen. Es wurde ein Sonntag dazu gewählt, weil dieser Tag immer eine auffallend milde Stimmung in unserem Freunde hervorzurufen pflegt durch die Aussicht auf vierundzwanzig Stunden freie Zeit – Engelhart ist Mitglied einer Zeitungsredaktion mit Sonntagsheiligung.

Freund August verfuhr sehr diplomatisch. Er lenkte das Gespräch vom Wetter auf die Normalzeit, kam langsam auf Uhren im allgemeinen und sagte zuletzt so verloren: »Mit deiner Uhr bist du doch nach wie vor zufrieden?«

Engelhart sah ihn doch etwas mißtrauisch an, sagte aber dann, da in Augusts Gesicht keine Miene zuckte: »Versteht sich, sehr zufrieden! Das heißt: neuerdings muß ihr etwas nicht in den Kram passen. (Man bemerke, wie er sie fast als lebendes Wesen behandelt!) Sie geht nämlich manchmal – nun, wie soll ich sagen – *gar nicht.* Das heißt, bloß tageweis. Aber in allerletzter Zeit hat sie allerdings beinah eine Woche ausgesetzt. Ist das nicht merkwürdig?«

»Wahrscheinlich reinigungsbedürftig,« wandte August mit wahrhaft heroischem Gleichmut ein.

»Möglich,« meinte Engelhart, in Nachdenken verfallend.

»Ich kann dir für solche Fälle,« begann August vorsichtig, »meinen Uhrmacher empfehlen! Er reinigt Uhren billig und ganz vorzüglich.«

»Gegen Uhrmacher,« versetzte Engelhart, »habe ich eine Voreingenommenheit. Sie nehmen drei Mark, und schließlich war die Uhr bloß nicht aufgezogen. Diese Geschichte ist so alt wie die von Adam und Eva. Überhaupt, wer kann einen Uhrmacher kontrollieren? – Aber versuchen kann ich's ja. Wie ist der Name deines Tausendkünstlers?«

»Börner und wohnt in der Schloßgasse. Ich glaube, du wirst zufrieden sein.«

Selbstverständlich war der Freundeskreis in ziemlicher Spannung, wie diese wichtige Angelegenheit verlaufen würde. Bei einem Zusammentreffen mit Engelhart erfuhren wir, daß die Uhr bei Börner sei, der sie »beobachte«. »Natürlich!« sagte Engelhart sarkastisch. »Natürlich beobachtet er sie. Diese Redensart ist himmlisch! Sie heißt ins reelle übersetzt: sie liegt im Kasten und kostet beim Abholen so und so viel. Nun ich bin begierig. Ich fürchte, ich fürchte nur, daß ich die Uhr nicht so wieder zurückbekomme, wie sie früher war – das heißt: ehe sie für länger aussetzte. Ich kann euch sagen, ich habe die trübsten Ahnungen. Einer solchen Uhr kann die Mechanik nicht beikommen. Ich gebe zu, daß sie sich nicht immer logisch benahm. Aber das teilt sie mit allen originellen Naturen. Die gewöhnliche Logik ist für Spießer. Das Original hat eine springende Logik. Es verletzt die gewöhnliche, um einer höheren zu genügen, die zu erkennen nur wenige befähigt sind. Oft die nicht einmal. – Ja, lachen kann jeder über Dinge, die zu hoch sind für – manche! Aber es ist doch so. Nun, wir werden ja sehen.«

Acht Tage darauf hatte Engelhart seine Uhr wieder. »Nun, wie steht's damit?« frug ich, als ich ihn das erste Mal mit der Uhrkette paradieren sah.

»Ganz wie ich dachte,« versetzte er ingrimmig. »Solche Uhren kann eine Reparatur nur verschlechtern, nie verbessern. Sie geht, geht seit der ganzen Zeit, daß ich sie wieder habe – heute sind es fünf Tage – aber sie hat keine Einfälle mehr. Ihr Charakter ist ruiniert. Ich glaube, sie bleibt nie wieder stehen – das heißt: sobald sie aufgezogen ist. Und das ist nicht das richtige. Wenn ich sie nicht so genau kennte, würde ich glauben, der Kerl habe sie gegen eine andere vertauscht. Jedenfalls hat er sie verdorben.«

Diese Stimmung Engelharts hielt sich Wochen hindurch. »Futsch!« sagte er mir ein andermal. »Rein alle damit!«

»Sie steht also gänzlich?« frug ich in einer Anwandlung von Zerstreutheit.

»Sie steht?« rief er hohnlachend. »Sie geht und geht und geht und ist nicht stille zu kriegen! Wundern thut mich nur, daß ich sie überhaupt noch aufziehen muß. Siehst du, früher – du lachst vielleicht, aber die Sache verhält sich so – was war diese Uhr temperamentvoll! Sie konnte ganz verschiedenartig ticken, je nach der Stimmung und manchmal – ich kann das beschwören – geriet sie plötzlich in eine Art Fiebertempo: Tiktiktiktiktiktik . . .«

»Du meinst, sie ging *vor?*« wagte ich einzuwerfen.

»Sehr weise bemerkt! Na ja, sie ging vor. Aber *nachher* – und das unterscheidet sie eben von andern gewöhnlichen Uhren! – blieb sie *stehen* – ohne allen Grund, notabene! – und *brachte so die Sache wieder in Schick*, das heißt: wenn ich's rechtzeitig bemerkte. – Und jetzt? Ewig und ewig das gleiche rindslederne Tik-Tak – es ist zum auswachsen! – Na, Weihnachten kriegt sie mein Junge, dem ich so wie so eine Uhr versprochen. Ich mag das Geschöpf nicht mehr.«

Eines Abends waren wir Freunde vollzählig an unserm Stammtisch versammelt. Plötzlich sprang Engelhart wie von der Tarantel gestochen in die Höhe, hielt seine Uhr erst sich selbst und dann in höchster Aufregung uns allen der Reihe nach ans Ohr, indem er fortwährend schrie: »Hört ihr was? Hört ihr was?« Wir, erstaunt und erschreckt, verneinten entschieden. In der That vermochte niemand an der Uhr ein Ticken zu vernehmen. Engelhart tanzte wie ein Verrückter herum. »Sie steht!« brüllte er in unbeschreiblichem Entzücken. »Sie steht und sie ist heute früh elf Uhr von mir aufgezogen worden – was ich mit jedem beliebigen Eidschwur bekräftigen kann. Herrgott von Bentheim, wär's möglich?!«

Es wurde nun konstatiert, daß die Uhr in der That aufgezogen und daß sie schon vor beinahe zwei Stunden stehen geblieben war, obwohl sie noch weitere zwölf hätte gehen müssen. Dieses Ergebnis steigerte die verzückte Stimmung unseres Freundes Engelhart ins grenzenlose. »Eine Bowle für sechs Mann!« schrie er dem Kellner zu, der ganz verdutzt über die Plötzlichkeit der Bestellung dreinstarrte. –

Von da an trat die ehemalig, neuerdings verlorene, nun wiedergewonnene optimistische Stimmung unseres Freundes auf das glänzendste wieder zu Tage.

»Alles wie vorher!« rief er glückstrahlend mir über die Straße zu. »Steht – geht – steht wieder. Richtig, auch in diesem Moment! Es ist doch etwa um Drei? Bei mir ist es ein Uhr dreißig. Ganz die alte, liebe, amüsante Uhr von früher! Ich kann dir nicht sagen, was ich glücklich bin . . .«

»Dein Junge bekommt sie wohl nun nicht?« sagte ich lachend.

»Nicht dran zu denken! Der mag sich nur fürs nächste mit einer Normaluhr begnügen. Hab ich ja auch thun müssen, ehe ich die bekam – es war fünfzehn Jahre nach meiner Konfirmation. Kinder müssen nicht zu sehr verwöhnt werden. Später wird sich ja darüber reden lassen. Aber daß ich sie für *jetzt* noch behalte – nicht wahr, das findest du auch begreiflich?«

Das Hausmittel.

»Soll ich nicht zu Dr. Werner schicken?« sagte meine Frau. »Deine Backe schwillt ja immer mehr an. Du weißt gar nicht, was noch draus werden kann.«

»Da hast du recht. Ich fürchte nur, Dr. Werner weiß es auch nicht.«

»Deiner Meinung nach freilich,« versetzte sie pikiert, »verstehn die Ärzte überhaupt nichts.«

»Ganz und gar nicht. Ich glaube, daß sie allerlei verstehen.«

»Jedenfalls dürfte man, wenn es nach dir ginge, keinen Arzt konsultieren.«

»Es geht aber leider nicht nach mir.«

»Gott sei Dank! Denn das wirst du wohl zugeben, daß du dir ein gebrochenes Bein nicht selber einrichten könntest?«

»Geb ich ohne weiteres zu. Was die Chirurgie betrifft – alle Achtung!«

»Nun, sie werden ja wohl auch noch einiges anderes können!«

»Sicherlich! Gut essen und trinken z. B. und Rechnungen machen.«

»Also das ist alles, was du ihnen zutraust?«

»Gott bewahre! Es giebt noch vielerlei: Damen die Cour schneiden, Männern die Zeit stehlen, sich wichtig machen, Topf gucken, Klatschgeschichten verbreiten – um nur die harmlosesten Dinge zu nennen.«

»Du hast ja einen förmlichen Haß auf den Stand. Nun, wenn du – was ich dir nicht wünschen will – selber einmal ernstlich krank werden solltest, dann wollen wir mal sehen, ob deine Ansicht vorhält und du dir konsequent bleibst! Man hat Beispiele –«

»Daß ein Kranker in der Angst eine Dummheit beging? Das soll vorkommen. Ist mir selbst passiert. Weißt du, wie ich vor zwei Jahren nach Karlsbad ging und ganz überflüssigerweise einen dortigen Arzt konsultierte, der, nachdem er mich lange beklopft und befühlt, erklärte, daß ich eine zu große Leber habe? Ich lachte damals so anhaltend, daß er verstimmt bemerkte, eine zu große Leber wäre durchaus nichts spaßhaftes. Halt ich auch nicht dafür, sagt ich. Ich lache bloß, weil mich mein Hausarzt wegen einer zu kleinen Leber hierher geschickt hat. Aber das Gesicht hättest du sehen sollen! Ich hatte aber doch die Genugtuung, daß er am Ende meiner Kur zugab, mit der zu großen Leber sich geirrt zu haben; die meine sei durchaus normal.«

»So was kann jedem Arzt passieren –«

»Passiert auch fast jedem.«

»Wenn du mich doch ausreden ließest! – Ich wollte sagen: So was kann jedem Arzt passieren einem ganz *fremden* Patienten gegenüber. Ein Hausarzt aber, der uns und unsere Lebensweise kennt, kann sehr nützlich werden.«

»Ganz gewiß. Wenn er z. B. beim Skat als Dritter einspringt!«

»Albernheit! Du weißt, daß ich daran nicht dachte. Aber wie du bei deinem Magenleiden gar nicht mehr wußtest, was du genießen solltest – besinnst du dich noch, wie dir Dr. Werner da Schnitzel anriet, die dir so gut schmeckten, wenn sie dir auch nicht bekamen –«

»Jawohl. Aber besinnst du dich auch, wie er einige Wochen drauf dich mal fragte, ob Schnitzel eigentlich *Schwein*- oder *Rind*fleisch seien? Herrlich, nicht wahr?! – Nein, da lob' ich mir doch noch den alten Dr. Schumann, den wir früher hatten, wenn der manchmal sagte: Da hab ich gestern einen Schnupfen erwischt. Wissen Sie nicht, wie man den schnell wegbringt? – Das war doch noch eine ehrliche Haut. Die andern aber können mir gestohlen werden! Im besten Falle empfehlen sie uns die bekannten Hausmittel, die wir ohne sie kennen, im schlimmsten Falle Gifte, und in keinem Falle nützt es was. Und hat man endlich den Glücksfall eines Arm- oder Beinbruchs, wo ein tüchtiger Arzt wirklich helfen könnte, dann heißt es: »wenden Sie sich an einen Specialisten, ich bin nicht Chirurg.«

»Also ich soll nicht zu Dr. Werner schicken?«

»Wenigstens meinetwegen nicht. Wenn du einer Unterhaltung bedarfst – – –«

»Gut, dann trage auch die Folgen! Dein Gesicht ist jetzt so dick, daß du dich vor niemand sehen lassen darfst.«

»Glaubst du, daß es vor dem Dr. Werner dünner werden würde?«

»Das nicht. Aber er hätte dir was Linderndes verschrieben.«

»Einen Prießnitzschen Umschlag – ohne Frage.«

»Den du selbst ja doch stets anzuwenden pflegst –«

»Weshalb ich ihn eben nicht erst verschrieben zu haben brauche – «

»Eine Beruhigung ist's immer, wenn der Arzt damit einverstanden –«

»Für eine Beruhigung habe ich nicht drei Mark übrig –«

»Aber für eine Erdbeerbowle!«

»Ganz gewiß. Sogar noch etwas mehr, denn leider sind die guten Bowlen nie so billig. – Übrigens famos, daß du mich erinnerst. Luise muß noch Zeltinger besorgen. Ich habe vorhin zwei Liter eingezuckert und bloß noch zwei Flaschen im Hause.«

»Heinrich! Willst du wirklich, allen Ernstes, *heute wieder* Erdbeerbowle trinken?«

»Versteht sich! Jetzt ist die beste Zeit. Die Erdbeeren sind jetzt köstlich reif. Schade, daß du so gar keinen Sinn dafür hast.«

»Thu's und richte dich zu Grunde! Ich bin überzeugt, daß du nur davon dein dickes Gesicht hast! Weißt du, daß du dir eine Gehirnentzündung zuziehen kannst?«

»Der Möglichkeiten giebt es. Aber du rechnest doch nicht etwa Erdbeerbowle dazu? – Übrigens vergißt du wohl, daß ich in diesem Falle Dr. Werner auf meiner Seite habe? Er ist ja › *Bowlenarzt*‹.«

»Was soll *das* nun wieder heißen? . . .«

»Gutes, liebes Ding! Weiß du nicht, daß die Ärzte stets das empfehlen, was sie selber mögen? Der Weise wählt sich danach seinen Arzt. Ich habe mir einen Bowlenarzt gewählt.«

»Dummheit!«

»Dummheit? Dr. Werner wird mir Erdbeerbowle als Mittel gegen die Geschwulst *geradezu verordnen* – denn er schwärmt für diese Bowle. Wetten wir? – Siehst du, jetzt möchte ich dich selber bitten, Dr. Werner holen zu lassen. Aber du mußt mir versprechen, ihm vorher nichts über meinen Zustand zu sagen und mir überhaupt allein das Wort überlassen – nur im Anfang, nicht für den ganzen Abend – das wär zu viel verlangt. Versprichst du das, Schatz?«

»Alles, was du willst, wenn du nur den Doktor kommen läßt. Aber du wirst sehen, du blamierst dich. Dr. Werner wird dir weder Prießnitzsche Umschläge noch Erdbeerbowle verordnen.«

»Ich mache mich anheischig, zu veranlassen, daß er mir zuerst *beides verordnet* und nachher dir gegenüber von *beiden abrät!* Dafür bedinge ich mir nur, daß *ich* ihn empfange und daß *du* nachher, wenn ich später, während der Bowle, einmal hinausgehe, ihm sagst, daß ich bei Beginn der Geschwulst Prießnitzsche Umschläge gemacht habe und daß du befürchtetest, die Bowle könne mir schaden. Nachher sollst du dein blaues Wunder erleben!« – –

»Doktor,« sagte ich, als er bald darauf, von unserer Luise citiert, in mein Zimmer trat, »Meine Frau ist ängstlich wegen meines geschwollenen Gesichts, das ich mir auf einer zugigen Eisenbahnfahrt geholt habe. Nun hatt' ich gerade zwei Liter reifer Erdbeeren« – dabei hob ich die Schüssel, daß ihm das köstliche Aroma in die Nase stieg – »zu einer Bowle eingezuckert und wollte eben Sie dazu herüberbitten – meine Frau befürchtet aber, daß mir das schaden könne. Ich glaubte freilich, daß der Fruchtsaft und guter reiner milder Moselwein eine kühlende, wohlthätige Wirkung haben müsse – «

»Höchst verständig!« unterbrach er mich, voll Begier, endlich zu Wort kommen zu können. »Höchst verständig! Über alle Maßen vernünftig gedacht! Erdbeerbowle von gediegenen Ingredienzen zubereitet, kann in diesem Falle die Erweichung, Auflösung, also die Heilung, nur beschleunigen! Wenn Sie alsdann nachts einen (ich bemühte mich krampfhaft, ernst zu bleiben) Prießnitzschen Umschlag auflegen und den alle zwei Stunden mal erneuern, so ist morgen jede Geschwulst verschwunden.«

»Also, Sie meinen, daß ich die Bowle wagen darf?«

»Unbedingt. Ja, ich verordne sie Ihnen geradezu. Bowle ist ein nicht genügend angewandtes Hausmittel, wundervoll geeignet, den Kreislauf des Blutes zu befördern und so die Hitze von der krankhaften Stelle abzulenken.«

»Dann also, Doktor, bitte legen Sie ab. Ich habe bloß den Wein aufzugießen und die Bowle ist fertig. Unser bescheidenes Abendbrot teilen Sie doch mit uns?«

»Sehr freundlich, sehr liebenswürdig! Sie wissen: bei niemand lieber wie bei Ihnen und verehrter Gemahlin. Hoffentlich werde ich nicht abgerufen.« (Seine ständige Befürchtung, die meines Wissens nie eine Verwirklichung gefunden!)

»Wundervoll! Köstlich! Wahrhaft deliciös!« schwärmte der Doktor, als wir nach eingenommenem Abendbrot um die purpurne Bowle saßen. »Ich glaube, die Mischung macht Ihnen niemand nach. Solch ein Tropfen ist doch die reine Medizin!«

»Schade nur, daß die Medizin bald zu Ende sein wird,« sagte ich mit Betonung, heuchlerisch besorgt in das Gefäß hinabblickend, das noch mindestens zwei Flaschen des dunkelroten Nasses barg. »O weh,« konnte sich der Doktor nicht enthalten zu äußern. Dann, meiner Frau heimlich einen Wink gebend, verließ ich das Zimmer, angeblich, um eine Kiste alter Havannas herbeizuholen.

Als ich nach etwa zehn Minuten wieder ins Zimmer trat, sah ich den Doktor mit stark gerötetem Gesicht augenscheinlich in vorzüglichster Schlemmerstimmung vor seinem Glase sitzen, während meine Frau mit gekniffener Unterlippe eigentümlich vor sich hinstarrte und mit den Fingern der linken Hand auf den Tisch trommelte – ein untrügliches Zeichen, daß sie über etwas höchlich empört sei.

»Lieber Freund!« fing der Doktor an und hielt, als ich eben den Arm nach der Bowle ausstreckte, Glas und Arm fest. »Lieber Freund, Sie wissen, daß ich Ihnen alles Gute gönne. Aber was zu viel ist, ist zu viel. Noch mehr dieses verführerischen Getränks – und Sie könnten sich, allen Ernstes, eine regelrechte Entzündung holen. Ihre Frau Gemahlin hat mir eben gesagt, daß Sie gleich nach Auftreten der Geschwulst Prießnitzsche Umschläge gebraucht haben. Da brauchen Sie sich freilich über das Umsichgreifen der Anschwellung nicht zu wundern! Daß doch die Laien immer denken, wenn sie einen Prießnitzschen Umschlag machen, so wäre alles in Ordnung! Daß ein solcher Umschlag an und für sich gar nichts ist, ja höchst schädlich wirken kann, wenn er zur Unzeit angewandt wird, das bedenken sie nicht. Auf das *wann* kommt es an, ja das *wann* ist eigentlich die Hauptsache, ist das einzig heilsame daran und dieses *wann* kann natürlich nur der Arzt bestimmen. Sie werden einmal sehen, was der Umschlag Ihnen diese Nacht für Nutzen bringen wird, während seine verfrühte Anwendung unzweifelhaft das Übel so verschlimmert hat, daß ich den Konsens zum Weitergenuß dieser immerhin doch alkoholhaltigen Flüssigkeit meinerseits nicht zu verantworten vermöchte.

»Ich bedaure das um so mehr, als ich Ihnen nachzufühlen vermag, was Sie entbehren, bin aber der gnädigen Frau von Herzen dankbar, daß sie durch ihre besorglichen Äußerungen und sonstigen Mitteilungen mir die Veranlassung gab, noch rechtzeitig verzeihlichen Laienirrtümern entgegenwirken zu können.«

Als sich der Doktor, nachdem er das letzte Glas meiner Bowle bis auf den letzten Tropfen ausgeschlürft, unter höflichen Wünschen und Komplimenten empfohlen, sagte ich lachend zu meiner Frau: »Na, was meinst du nun?«

Sie umarmte mich stürmisch. »So ein Fuchs!«

Mein Taschenkamm.

An diesem Weihnachtsfeste schenkte mir meine Schwester einen Taschenkamm. Ich freute mich sehr darüber, denn mein alter hatte beinahe alle Zähne verloren; ich konnte mich seiner nur noch ganz heimlich bedienen, so schäbig sah er aus.

Am Weihnachtsabend besieht man natürlicherweise seine Geschenke nicht bis ins einzelne. Erstens könnte das unangenehm auffallen, besonders meiner Schwester, die, wenn ich etwas genauer betrachte, sogleich zu sagen pflegt: »Du hast wohl schon wieder etwas daran auszusetzen?« – zweitens aber giebt es an dem Abend zu vielerlei, daß man zu liebevoller Betrachtung des einzelnen gar keine Zeit findet. So ging's mir auch mit dem neuen Taschenkamm: es schien mir genug, daß ich ihn hatte; zu einer Besichtigung kam's nicht.

Aber am ersten Feiertag früh, als ich in die Stadt gehen wollte, besann ich mich rechtzeitig seiner, warf meinen alten Taschenkamm zum Fenster hinaus und ergriff den neuen, um ihn in seine Stellung – in die rechte Westentasche – einzuführen. Aber kaum hatte ich ihn berührt, als er mir jäh aus der Hand und in den kleinen Spiegel über meinem Schreibtisch schnellte. Der Spiegel zerbrach natürlich. Als ich mich von dem ersten Schreck erholt, ergriff ich den Unheilstifter vorsichtig, nicht ohne eine gewisse Neugierde, und stellte fest, daß er von schwarzem Horn oder Gummi war, anscheinend ganz wie mein alter aus einer Scheide und einem Kamm bestehend, der wie die Klinge eines Taschenmessers eingeklappt werden konnte. Bei näherer Besichtigung fand ich aber auf beiden Seiten des unteren Endes der Scheide eine durch Kratzstriche markierte Stelle, wie sie mein alter Kamm nicht gehabt hatte. Wenn man diese Stelle auch nur ganz leicht berührte, so sprang der Kamm mit solcher Federkraft heraus, daß er mir bei den nächsten Versuchen stets aus den Händen entwischte und es wohl eine Viertelstunde dauerte, ehe ich ihn dazu brachte, ruhig in der Tasche zu bleiben. Schließlich hatte ich ihn doch so weit. Ich zog meinen Überzieher an, setzte den Hut auf und eilte ins Freie.

Aber schon im Pferdebahnwagen wurde ich wieder an den neuen Taschenkamm erinnert, als ich mein Billet in die rechte Westentasche stecken wollte. Im selben Augenblick fuhr er aus der Tasche heraus und dem Kondukteur so heftig ins Gesicht, daß dieser trotz der fünf Pfennige Trinkgeld einen Ausruf freudloser Überraschung nicht unterdrücken konnte. Ich murmelte eine Entschuldigung und barg verlegen den Fortgesprungenen wieder in seinem Versteck. Als ich den Pferdebahnwagen verließ, rief mir ein Herr zu: »Sie verlieren etwas!« Es war mein Taschenkamm, der dolchartig, aufgerichtet, aus dem geöffneten Überzieher hervorsah. Mit einer leisen Verwünschung klappte ich ihn wieder zusammen und betrat das Café Bauer, das nächste Ziel meiner Wanderung. In der Nähe der Fontäne sah ich meinen Chef – ich bin Commis in einem Weißwarengeschäft – mit seiner wunderschönen Gattin sitzen. Ich grüßte mit der möglichsten Eleganz – das sämtliche Personal betet sie an! – und empfing einen Blick von ihr, um den mich der älteste Prokurist beneidet haben würde. Aber es sollte noch besser kommen. Plötzlich sah ich den Chef vor mir stehen und hörte ihn lächelnd sagen: »Wollen Sie nicht bei uns Platz nehmen, lieber Vollart?« Ich stammelte etwas von »ungemeiner Liebenswürdigkeit«, entledigte mich hastig des Hutes und Überziehers und trat mit einer tiefen Verbeugung an den Tisch heran.

Die schöne Frau grüßte holdselig, reichte mir ihr reizendes Händchen über den Tisch und richtete, während der Kellner gerade eine Tasse Schokolade vor sie hinstellte, die Frage an mich: »Können Sie mir etwa mit einem Bleistift aushelfen?« Entzückt, der Angebeteten einen Dienst leisten zu dürfen, fuhr ich eilfertig mit der Hand nach der Westentasche: in diesem Augenblick sprang etwas blitzschnell auf den Tisch, ich empfing einen Regen klebriger Masse ins Gesicht, hörte Geklirr von Gläsern, Tassen und Löffeln und einen Aufschrei der schönen Frau, und sah, wie sie voll Ekel einen schwärzlichen Gegenstand abschüttelte, der in einer ansehnlichen Portion Schokolade auf dem Schoß ihres blauseidenen Kleides umherschwamm.

»O pfui, Wilhelm – ein *Kamm!*«

»Es ist der meinige,« stammelte ich fast besinnungslos, das Untier aufraffend. »Ich bitte tausendmal um Entschuldigung . . .«

»O – das hat nichts weiter auf sich,« versetzte der Chef höflich, aber eisig kühl, wie mir schien. »Kellner, eine neue Tasse Schokolade!«

»Nein, danke, mir ist der Appetit vergangen.« Ich sah, wie es in ihren Mundwinkeln zuckte und daß sie, emsig ihr schönes beflecktes Kleid abreibend, kaum das Weinen verbergen konnte, während ich, blutrot, vor Scham zu vergehen meinte und mich zehntausend Klafter unter den Erdboden wünschte. Glücklicherweise erlöste mich ihr baldiger Aufbruch aus der greulichen Lage. –

Ich haßte jetzt meinen Taschenkamm, und das schwarze Geschöpf vergalt mir diesen Haß: es erwies sich fortgesetzt so widerspenstig, daß ich förmliche Kämpfe mit ihm zu bestehen hatte und aus dem Ärger über ihn gar nicht herauskam.

Meistens, wenn ich ihn suchte, war er gar nicht in der Tasche, lag am Fußboden, auf dem Teppich, oder unter dem Tische, wohin er heimlich, lautlos entwischt war. Häufig stand er aufgerichtet aus der Westentasche hervor oder sprang mit der Kraft eines Champagnerpfropfens bei dem leisesten Druck mir ins Gesicht, oder in das eines Bekannten, mit dem ich mich gerade unterhielt, oder auf den Tisch, oder irgend wohin, wo er etwas umwarf, zertrümmerte oder sonstwie ein Unheil anrichtete. Er ward mir bald so unausstehlich, daß ich ihn schon hundertmal wegwerfen wollte, aber schließlich als ein Geschenk meiner Schwester eben doch immer wieder behielt. Meine Schwester hatte ich schon mehrmals um ihre Meinung befragt, ob ich nicht die Feder ruinieren oder ihn aus der Scheide brechen sollte. »Gott ja,« sagte sie endlich, »wenn du ihn mit der Axt unschädlich machen willst, so glaube ich wohl, daß dir's allenfalls gelingen wird. Aber so was thut man doch im allgemeinen nicht, zumal wenn es sich um ein Geschenk handelt.« Das mußte ich allerdings gelten lassen.

Und so habe ich das Untier behalten, obwohl es mich tyrannisiert. Während ich dies schreibe, steht er acht Zoll hoch aus der rechten Westentasche heraus: ich glaube er guckt nur auf das Geschriebene! Denn ich habe mich längst gewöhnt, ihn als lebendes Wesen anzusehen, eine Art schwarzen Taschenteufels, den das Schicksal meiner Weste zugeteilt hat. Und ich habe ein banges Gefühl, daß ich noch Schlimmes an ihm erleben werde.

Vierbeiniges.

Die Kritiker.

Es war eine Hundegesellschaft und sie fand in einem Hofe statt.

Man hatte einen großen Knochen gefressen und lag nun ruhig und trieb Konversation. Und es war von Musik die Rede und von Musikinstrumenten.

»Ich kenne kein ergreifenderes Instrument als die *Harmonika*,« sagte eine alte Jungfer, die bisher melancholisch still gesessen; sie gehörte dem Geschlecht der Jagdhunde an. »Ich hatte einen Herrn, der spielte sie. Ach, es waren unvergeßliche Momente! Aber es greift zu sehr an. Ich mußte allemal eine halbe Stunde nachher noch heulen.«

»Das kommt von den Nerven,« seufzte eine dicke Wachtelhündin. »Meine Nerven sind jetzt auch immer furchtbar angegriffen. Wenn ich einen *Leierkasten* höre, möchte ich am liebsten losweinen.«

»Da ist *Waldhorn* lustiger!« schrieen zwei kleine Dächsel, die auf einem Prellstein lagen und beständig mit den Schwänzen wackelten. »Unser Herr bläst es manchmal und dann singen wir mit hinein.«

»Er bläst wie ein Nachtwächter – es ist ein Forstkandidat, Ihr Herr,« sagte die alte Jungfer verächtlich zu der dicken Wachtelhündin. »Er läßt immer die Fenster offen, daß man ihn in der ganzen Stadt hören kann.«

»Aber es klingt auch wunderschön!« schrieen die Dächsel und wackelten noch heftiger mit den Schwänzen.

»Was versteht denn ihr von Musik, ihr dummen Jungen,« knurrte ein großer Neufundländer, der lang ausgestreckt in der Mitte des Hofes lagerte und schläfrig mit den Augen blinzte. »Mir ist einmal mit der Musik ein Stück passiert,« und der Neufundländer hob den Kopf ein wenig und blinzte zu den beiden Hündinnen hinüber, »ein Stück, sage ich euch, das ich nicht vergesse und wenn ich so alt wie ein Mensch werden sollte. Damals war ich noch bei dem Studenten. – Eines Abends nahm er mich mit in eine große Gesellschaft. Ich sollte zwar draußen bleiben auf dem Vorsaal, aber die Thür war halb offen und ich konnte in den Saal hineinsehen. Da sah ich denn einige hundert Menschen, die auf Stühlen saßen und nach dem Ende des Saales starrten, wo auf einer Erhöhung alle Arten von Musikinstrumenten abgestellt waren, die es nur in der Welt giebt. Vor jedem Instrument saß ein Mann an einem Tischchen, auf dem ein Blatt Papier lag.

Nach und nach war es ganz still geworden im Saale. Kein Mensch sah mehr zu mir hin. Diesen Moment benutzte ich um hineinzuschleichen – als mit einem Mal die Männer auf der Erhöhung ihre Instrumente erfaßten und ein solch furchtbarer Lärm losbrach, daß ich entsetzt nach der Thüre sprang, weil ich dachte, der Saal müßte einfallen. Aber die Thür war indessen geschlossen worden. Ich, in Todesangst, springe über drei Reihen Menschen weg nach den Fenstern zu, alles um mich herum schreit und kreischt, die Instrumente rasen immer toller, ich finde die Fenster verschlossen, springe wieder zurück nach der Thür und jetzt endlich wird diese aufgerissen, ich fliege die Treppen hinunter, einige Gegenstände werden mir nachgeschleudert, ich aber achte auf nichts und eile ins Freie. Den Spektakel vergesse ich in meinem Leben nicht!« –

»Das ist ein › Konzert‹ gewesen,« sagte ein Windhund, der viel in vornehmen Familien verkehrte, und wie alle Windhunde beständig zitterte. »O, sie sind furchtbar, diese Konzerte!«

»Ja es ist unbegreiflich, was diese Menschen alles angeben,« meinte ein alter Kettenhund und seufzte. »Wenn ich in Mondscheinnächten einmal ein gemütvolles Lied anstimme – es ist wahr, ich suche manchmal etwas lange nach einem Ton, weil ich Melodien nicht gut behalte – gleich schreit meine Herrschaft: ›Heult das Tier schon wieder!‹ Und dann werde ich eingesperrt und es setzt wohl gar noch Schläge. Ein Lied singen, das nennen sie heulen! Sie vollführen einen Heidenlärm und von Unsereins wollen sie nicht einmal leiden, daß er ordentlich Musik macht.«

»Es ist noch mancherlei nicht aufgeklärt,« knurrte der Neufundländer und stand auf. »Aber das ist ausgemacht, von Musik verstehen die Menschen nicht viel. Die Kinder allenfalls haben mitunter annähernd melodische Laute, wie wir, aber wenn sie sie loslassen, hat es dieselben Folgen wie bei uns: Schläge und eingesperrt. Nein, von der Musik verstehen die Menschen nicht viel. – Ich empfehle mich der Gesellschaft.« –

»Nun, so arg ist es nicht,« sagte die alte Jungfer aus dem Geschlechte der Jagdhunde. »Die ›Klosterglocken‹ sind nicht übel, nur zu traurig, es ist beinah, als wenn man Hundegeheul hörte. Und dann, das ›Gebet der Jungfrau‹! Kennen Sie das Gebet der Jungfrau? Das ist ein herrliches Stück, das allen Hunden gefallen muß. Jeden Abend kann man es jetzt an der Neugassenecke spielen hören. Kommen Sie heute Abend einmal mit hin,« wandte sie sich an die dicke Wachtelhündin.

»Nein, ich vertrage jetzt durchaus keine Musikaufführung,« sagte diese. »Aber ich gehe jetzt. Guten Tag allerseits.«

»Warten Sie, ich gehe mit Ihnen,« rief die alte Jungfer.

»Gut, daß die alten Schachteln weg sind!« schrieen die Dächsel und fingen an sich im Hofe umher zu jagen, wobei sie fürchterlich kläfften und alle die Melodien absangen, mit denen sie die Waldhornvorträge ihres Herrn zu begleiten pflegten. Windhund und Kettenhund verloren sich während dieser Jagd und so war in dem Hofe von Gesellschaft und Musik nicht weiter die Rede.

Eine Tragödie.

»Tue la!« (*Alex. Dumas fils.*)

Es war an einem Juniabend, als sie sich kennen lernten. Das Ereignis ging auf dem Hofe vor sich, in den der Student vom vierten Stock soeben den Knochen einer Kalbskotelette geschleudert und just dieser Knochen war's, der die Bekanntschaft herbeiführte.

Schripps hatte bis dahin ein zurückgezogenes Dasein geführt. Einer Familie entstammend, die durch unzählige Kreuzungen jeden Anspruch auf Rasse verscherzt hatte, war er seit Eintritt in die verständigen Jahre wenigstens immer bestrebt gewesen, in Schnurrbart und Schwanzquaste den Charakter eines Pintschers zu wahren, ein Charakter, auf den ihn die Natur noch am ehesten hinwies. Freilich gelang ihm dies bei den bescheidenen Mitteln, die ihm das Geschick verliehen, nur höchst mangelhaft. Und überhaupt, um es gleich zu gestehen: Schripps war nicht schön. Er hatte einen auffallend dicken, viereckigen Kopf, ein sehr großes und ein sehr kleines Auge; ein rötlich-borstiges Fell und lahmte auf der linken Hinterpfote. Triumphe über weibliche Wesen waren ihm deshalb von früh an versagt geblieben, wodurch sich indessen, wie natürlich, eine schöne Innerlichkeit bei ihm ausgebildet hatte. Edle Resignation leuchtete aus seinem großen linken Auge; das rechte, ohnehin sehr kleine, war durch einen widerspenstigen Haarbüschel den Blicken des Beschauers entrückt und auch Schripps wußte nicht viel damit anzufangen.

Als Gefährte eines alten Junggesellen lebte er selbst gleich einem solchen: von der Gesellschaft gänzlich zurückgezogen. Kühl und teilnahmslos humpelte er an den Stammesgenossen vorüber, die Treppen hinauf und hinab, Annäherungsversuche wohl duldend, aber nie erwidernd. Allerdings gab es auch für Schripps, einen Mann in den besten Jahren, Stunden, wo ein dumpfes Gefühl von Leere ihn an das Fehlen einer Seelengefährtin erinnerte. In einer solchen Stunde hatte er einst »Sie« bemerkt. Sie lag auf dem Fensterbrett in der ersten Etage, die ihre Herrschaft erst gestern bezogen, und blickte gelangweilt in den Hof hinab, wo Schripps in der geschilderten trostlosen Stimmung eben sein einsames Junggesellenmahl einnahm.

So erschaute er sie und ein gewisser melancholischer Zug um ihre inneren Augenwinkel hatte zur Folge, daß sein altes verprömmeltes Junggesellenherz in eine nie vorher empfundene Aufregung geriet. Mit dem Instinkt der Unglücklichen erkannte er, daß auch sie unglücklich sein müsse. Und in der That verhielt es sich so. Ein, sagen wir: ungewöhnlicher Mangel an äußeren Reizen hatte sie – in dieser Hinsicht Schrippsen ähnlich – freundlos durchs Leben wallen lassen. Dieser Mangel lastete gleich einem Alp auf der in den reiferen Jahren befindlichen Dachsjungfrau. Ihre Figur, wenn sie sonst einmal eine gehabt hatte, war in erschreckender Weise aus der Façon gegangen und das in Falten sie umschlotternde Fell machte den betrüblichen Eindruck, als wenn die Motten drin gehaust hätten. Ja, Iduna – bei allem Respekt vor der Galanterie muß es gesagt werden – war noch häßlicher wie Schripps und der Scharfsinn des letzteren sagte ihm, daß, wenn irgendwo, hier etwas zu machen sein würde.

Seit jenem Augenblicke trug Schripps den Gedanken einer Annäherung mit sich herum, aber sein scheues Junggesellenwesen ließ ihn immer wieder vor der Ausführung dieses Gedankens zurückschrecken.

Da kam der Juniabend und Schripps, der mit heimlicher Wonne beim Betreten des Hofes die Anwesenheit der Geliebten wahrgenommen, schwor sich, heute oder nie das längst ersehnte zu wagen.

Er war schon drei-, viermal im Hofe ringsherum gehinkt, immer den Blick seines guten Auges auf die Dachsjungfrau gerichtet, die mit unsäglich wehmütigem Ausdruck in der Mitte des Hofes lagerte – als der Koteletteknochen, in heftigem Schwung sein Ohr berührend, neben ihm herniedersauste.

Instinktiv hatte Schripps zugeschnappt, sogleich aber den Knochen wieder freigegeben, als er bemerkte, daß Iduna auf ihren kurzen Beinchen langsam und schweifwedelnd sich demselben näherte. Schripps humpelte rücksichtsvoll etwas weiter von dem Knochen ab, was Iduna, nicht ohne freundlichen Seitenblick auf Schripps, veranlaßte, sich des Leckerbissens nunmehr zu bemächtigen. Aber erst als die Dachshündin eine geraume Zeit knirschend und knackend über dem Knochen geweilt und sich wiederholt behaglich die Mundwinkel geleckt hatte, wagte Schripps jene Begrüßung vorzunehmen, die unter gebildeten Hunden unter dem Namen »Beschnüffeln« allgemein gebräuchlich ist. Schripps entledigte sich dieser gesellschaftlichen Form mit einer Decenz, die ihm ein verächtliches Geknurr eines Fleischerhundes, der eben zum Hofe hereinschaute, eintrug.

Aber die Bekanntschaft war gemacht.

Iduna und Schripps durften sich seitdem als verlobt und nach halbstündigem Brautstande als vermählt betrachten.

Ein neues Leben ging für beide auf. Er trug jetzt Schnauzbart und Schwanzquaste mit sichtlicher Koketterie nach den berühmten Mustern eleganter Rassepintscher und sein Benehmen gegen zwei- und vierfüßige Hausbewohner war von einer früher an ihm nie beobachteten Bonhomie.

Iduna aber verlor zusehends das verschrumpfte, altjüngferliche Äußere, ihre Gestalt erhielt eine wohlthuende Rundung, das Fell glättete sich und wurde gleichmäßig glänzend und Schrippsens gutes Auge leuchtete, wenn er zur traulichen Dämmerstunde diese Reize wahrnahm.

Der Unglückliche ahnte nicht, daß gerade die günstige äußere Veränderung der Geliebten, die er selbst durch seine Liebe hervorgerufen, ihm noch verhängnisvoll werden sollte.

Da fand er eines Abends Iduna vor der Hausthür in Gesellschaft eines weißen Windspiels, das in verdächtiger Vertraulichkeit um sie herumschnüffelte. Der Weiße floh zwar augenblicklich vor dem unwilligen Geknurr des Ehegatten, aber böse Ahnungen wollten seitdem das nun einmal mißtrauisch gewordene Gemüt Schrippsens nicht mehr verlassen.

Und eines Nachmittags ereignete sich das Ungeheuerliche, von Schripps längst Befürchtete! Von einem Spaziergange, den er aus Gesundheitsrücksichten unternommen, heimkehrend, fand er an dem Prellstein des Hauses – das Haus war ein Eckhaus – die nur einem Mitglied seines Geschlechts erkenntlichen Spuren Idunas und jenes weißen Nebenbuhlers, die, wie er augenblicklich konstatierte, nach der Hausthür zu verliefen, nach der Hausthür, die leider – geschlossen war! Iduna und der Weiße – das sagte ihm auf das Unzweifelhafteste sein Geruchssinn – im Hofe! Vermutlich *allein* im Hofe!! Und keine Möglichkeit in diesen Hof zu kommen! – Die Thüre, welche von der Straße ins Haus, wie auch die, welche vom Haus in den Hof führte, hatte jenen jetzt fast allgemein üblichen pneumatischen Verschluß, eine Erfindung, die von allen Hunden aufs tiefste gehaßt wird. Macht sie es doch diesen unmöglich, selbst wenn die Thüre angelehnt ist, ohne menschliche Hilfe hinein oder hinaus zu gelangen! Und augenblicklich war die Hausthür noch dazu fest geschlossen! Schripps geriet in eine unglaubliche Aufregung. Vergebens sah er sich überall nach einem helfenden Menschenkind um. In fiebernder Hast hüpfte er auf seinen drei Beinen ums Eck nach dem zweiten Eingang, den das Haus dort besaß; auch dieser war geschlossen! Schripps jagte wieder zurück und wieder nach der andern Thüre. So trieb er's wohl eine Viertelstunde lang. Endlich klinkte jemand auf der einen Hausthür und Schripps, der sich gerade auf der entgegengesetzten Seite des Hauses befand, dessen Gehör aber in diesem Augenblick für den leisesten Laut sich empfänglich zeigte, flog heulend dahin. Er achtete nicht darauf, daß es der Quartaner aus dem dritten Stock war, dem er sonst vorsichtig auszuweichen pflegte, von wegen der Fußtritte, mit denen dieser junge Mann ihm gegenüber ungemein freigebig zu sein pflegte, heute kümmerte ihn das nicht, er rannte wie toll hinterdrein, machte aber sogleich wieder Kehrt, als er nach wenigen Sprüngen erkannt, daß auch die Hofthür fest geschlossen war. Fiebernd nahm er sein ruheloses Wandern von Hausthür zu Hausthür wieder auf und setzte sich endlich, ermattet und zugleich furchtbar erregt, das gute Auge starr nach dem Hofe gerichtet, vor den gewohnten Hauseingang, in kurzen Intervallen dumpfe Knurrlaute ausstoßend.

So mochte beinahe eine Stunde vergangen sein, als die Hausthür von innen geöffnet ward. Schripps stimmte ein fürchterliches Freudengebell an, flog, wie aus der Pistole geschossen, durch die Öffnung nach der Hofthüre zu, als er aber diese immer noch geschlossen fand, sprang er in tollen Sätzen, laut kläffend die Treppen hinauf bis in das zweite Geschoß vors Logis seines Herrn, kratzte dort wütend an die Thür und jagte an der ihm öffnenden erschreckten Haushälterin vorüber, den Flur entlang nach der Küche, wo er auf den Küchentisch und von da auf das Brett des nach dem Hof führenden, offenstehenden Fensters sprang.

Was Schripps von da oben erschaut hat, ist nie recht ermittelt worden; es muß aber etwas Fürchterliches gewesen sein, denn im nächsten Augenblick ist er mit einem mark- und beinerschütterndem Klagegeheul in den Hof hinabgesprungen, wobei ein eiserner Topf voll heißer Milch, der dort zum Abkühlen stand, mit hinunterging.

Der Hausmann und der alte Schlosser Lampe, die beide auf den Lärm hin in den Hof eilten, bemerkten ein entsetzt flüchtendes weißes Windspiel und fanden Schripps, jämmerlich von dem Fall und der kochenden Milch zugerichtet, winselnd neben der toten Dachshündin liegen, der der eiserne Topf das Rückgrat zerschmettert hatte.

Schripps erholte sich wieder und noch heute wandelt er unter den Lebenden. Aber er ist ein anderer geworden. Mürrisch und abweisend knurrend humpelt er seines Wegs unter gänzlicher Vernachlässigung seines durch den Fall und die Brandwunden noch reizloser gewordenen Äußern. Sein Herzensleben ist erstorben: Damenbekanntschaften meidet er wie die Pest. Ach, in seiner ethischen Weltanschauung ist ein grauenhafter Umschwung erfolgt! Der schlimme Ausgang der einzigen Liebesangelegenheit seines Lebens hat ihn zum Cyniker umgewandelt. An die Stelle edler Entsagung ist eine fast verbrecherische Wertschätzung materieller Genüsse getreten: Die Fleischer der Nachbarschaft wissen davon zu erzählen!

Eine That.

(Aus den nachgelassenen Papieren Viktor Hugo's.)

Am Spätnachmittag des 35. Februar 1830, jenes unsterblichen Datums, an welchem die Julirevolution begann, war das Messingbergwerk zu Breslau in der Pfalz der Schauplatz einer furchtbaren Scene. Die Sonne, welche eben hinter den Höhenzügen der Karpathen verschwand und die steilen Ufer der Spree in anilinfarbene Tinten tauchte, beleuchtete die Köpfe einer nach Hunderttausenden zählenden Menge, die mit Werkzeugen, alten Piken und Morgensternen bewaffnet, am Eingange des Hauptschachtes unter wahnwitzigem Geheul den großen Migrometer zu demolieren versuchte, der zur Beförderung der Bergleute auf hydraulischem Wege dient. Schon hatte sich eine Rotte des vierzig Quadratellen haltenden Triebrades bemächtigt und eine Art höllischen Carroussel's arrangiert, als der Ruf ertönte: Die Soldaten kommen!

Ein Staubwirbel auf der Chaussee, aus welchem Helmspitzen und Waffen blitzen, und heran jagt eine Schwadron Wittenbergischer Totenkopfhusaren, jener Elitetruppe Justinus Kerners, des Dichters der »Wacht am Rhein«.

»Halt!!« – Die Reiter nehmen dem Volk gegenüber Aufstellung. Eine bängliche atemlose Stille tritt ein. Dann ein Trompetensignal! Die gutturale Stimme eines Lieutenants kommandiert: »Zur Attacke, fertig! Marsch, marsch! (En avant.) Ein tausendstimmiger Schrei – und in ungeheurer Panik flieht die Menge, Kopfbedeckungen aller Art auf der wilden Flucht zurücklassend.

Im Nu klafft ein hundert Ellen weiter, leerer Raum zwischen den Fliehenden und den ansprengenden Soldaten; er verringert sich zusehends, eine Katastrophe, eine furchtbare, scheint unvermeidlich!

Da plötzlich stürzt, barhaupt und in der Linken einen leeren Sack schwingend, ein Mann in die Gasse und der anstürmenden Reiter nicht achtend, rafft er hier einen Hut, dort eine Mütze vom Boden auf und in rasender Eile seinen Sack füllend, wirft er sich knapp vor den Hufen des ersten Reiters in die fliehende Menge, taucht in ihr unter, verschwindet!

Ein tausendstimmiges Gelächter durchbraust die Luft. Befreiend, erlösend, Versöhnung weckend, pflanzt es sich in der Menge weiter, vom Volk ins Militär! Die Reiter haben unwillkürlich Halt gemacht. Der Kommandeur sprengt vor die Front. Er salutiert. Ein Hurra aus hunderttausend Kehlen antwortet ihm. Ein Kommandowort ertönt. Die Reiter springen von den Pferden. Das Volk umringt sie, man umarmt sich, küßt sich, weinend, jubelnd! – Der Aufruhr ist vorüber. Die Stadt, das Bergwerk gerettet. Gerettet durch wen? Durch einen Namenlosen, einen Arbeiter, einen Elenden, einen Dieb, wenn ihr wollt, einen *Heros* nichtsdestoweniger, den die Geschichte einem Mutius Borgia, einem Tell und Winkelmann beigesellen wird!

Dreimal komitiert.

Auf der Kneipe der Agronomia ging es heute Abend hoch her. Der dicke Krause, eins der angesehensten bemoosten Häupter der Verbindung, hatte ein Fäßchen Köstritzer »geschmissen«, teils aus Rührung über sein baldiges Scheiden von den Kommilitonen, teils aus Hochgefühl über den eben empfangenen letzten Wechsel seines Alten. Letzter Wechsel! Wie das Wort an den Wechsel alles Irdischen gemahnt! Ja, der letzte Wechsel war es: morgen sollte der akademische Bürger Krause der ehrwürdigen Universitätsstadt entrückt werden. Morgen verließ er nicht nur die Stadt, in der er so viele reizvolle Stunden verlebt, nein auch das Studentenleben überhaupt, um als Volontär auf einem mecklenburgischen Rittergut ins Philisterium einzutreten. Zahllose »Halbe« und »Ganze« wurden an diesem Abend von den Kommilitonen der wehmütig stimmenden Thatsache gewidmet, und nur der Umstand, daß der Gefeierte alle seine Aufmerksamkeit auf das beständige »Nachkommen« zu richten genötigt war, verhinderte, daß sein rundes, gutmütiges, von einem schwarzen Vollbarte umrahmtes Gesicht jenen elegischen Zug bekam, der sonst auf Gesichtern abgehender Studenten hin und wieder beobachtet worden sein soll.

Daß Krause infolge der vielen Halben und Ganzen schließlich noch das »graue Elend« bekommen könnte, war allerdings nicht ausgeschlossen, ja, es stand zu befürchten, da er im Zustande animierter Stimmung zu pessimistischer Lebensauffassung neigte. Aber bisher wenigstens hatte er sich wacker gehalten und seine kräftige Baßstimme tönte durch das Gewirr der andern Stimmen für jetzt noch in einer entschieden freudigen Tonlage, der höchstens ein befremdliches Streben anzumerken war, bis zum Diskant vorzudringen, was über die Anlage des Krauseschen Kehlkopfes offenbar hinausging. Aber gleichviel! Als das würdige Mitglied der Verbindung, der es nun so bald entrissen werden sollte, jetzt seine stattliche, wohlbeleibte Figur aufrichtete und, zum Zeichen, daß es reden wolle, mit dem Seideldeckel wiederholt heftig klappte, entstand ein ehrerbietiges Stillschweigen, das nur durch das freche Gelächter einiger Füchse beeinträchtigt ward, die von dem entrüsteten Präsiden sofort zum »Spinnen einer Kanne« verdonnert wurden.

Es ward dem ehrwürdigen, bemoosten Haupte augenscheinlich nicht leicht, zu dieser vorgerückten Stunde die Worte so elegant zu setzen, wie dies von ihm mit Recht erwartet werden konnte; aber immerhin kam bei einigem guten Willen der Hörer nach und nach ein Sinn in die Wortfülle, mit der er zunächst die gespannt Lauschenden verschwenderisch überschüttete.

»Ihr wißt, Kommilitonen, daß morgen – nein, heute, denn es ist ja schon zwei Uhr, oder doch eigentlich wohl morgen, nämlich heute Morgen – der Verein der Konditoren Mitteldeutschlands in unserer Alma Mater seinen Verbandstag abhält. Um nun zu zeigen – ruhig, ihr Füchse! – daß auch wir Studenten die Ehre, die unserer Stadt mit der Wahl zum Vereinsort angethan worden ist, zu schätzen wissen und die Bedeutung dieses Tages voll erkennen, eines Tages, der in den Annalen der Stadt mit Zuckerguß – ruhig, ihr Füchse! – angespritzt zu werden verdient – um dies zu zeigen, beantrage ich, daß sämtliche Füchse der Agronomia unter meiner Anführung heute Mittag dem Konditortag eine Huldigung darbringen – Silentium! – eine Huldigung, deren Art der Ausführung für jetzt noch mein Geheimnis bleibt, deren Kosten aber, wie ich gleich bemerken will, ich allein tragen werde. Ich frage die älteren Semester, ob sie damit einverstanden sind?«

Ein dröhnendes »Jawohl!«, das unmöglich nur aus den Kehlen der ›älteren‹ kommen konnte, beantwortete die loyale Frage.

Die dicken Züge Krauses überzog ein freudiges Schmunzeln. »Ich ersuche euch also, Füchse, heute früh elf Uhr sämtlich auf meiner Bude, Leutrastraße sechs, anzutreten, wo ich euch dann weitere Orders geben werde. Ich hoffe, daß ihr euch der Ehre dieses Unternehmens würdig zeigen werdet!«

Ein ohrenzerreißendes Hurra, ausgestoßen von sämtlichen zwölf Füchsen der Vereinigung, war die Antwort.

Der Wächter hatte die dritte Morgenstunde abgeblasen, als Krause von zwei Kommilitonen an der Thüre seines Hauses abgesetzt ward und unter den Augen der Freunde sowohl Auf- wie Zuschluß der Hausthüre verhältnismäßig unschwer bewirkte. Etwas mühseliger gestaltete sich sein Fortgang den dunklen Flur entlang, und er empfand es mit Befriedigung, als sein Fuß die erste Treppenstufe ertastete – eine Empfindung, die freilich sogleich einer total anderen wich, als beim Weiterschreiten sein Kopf furchtbar wider einen harten Gegenstand prallte, er dadurch das Gleichgewicht verlor und in eine sitzende Stellung kam. Sich aufraffend, von neuem vorschreitend und die erste Treppenstufe betretend, fühlte er mit vorsichtig tastender Hand vor sich eine Wand und erkannte staunend, daß mit dieser ersten Stufe die Treppe bereits zu Ende sei! Daß dies früher nicht der Fall gewesen, glaubte er sich ganz bestimmt zu erinnern. Da aber weitere Betrachtungen über die merkwürdige Veränderung seines Hausflurs zu keinem Resultat führten, entschloß er sich endlich den Hauswirt zu rufen und blieb, während er diesen Entschluß ausführte, vorsichtig auf der einmal betretenen Stufe stehen. Als der Hauswirt nach geraumer Zeit und ziemlich verwundert erschien, ergab sich *das* Sonderbare, daß Krause auf der *Dezimalwage* stand, die neben der Treppe in einem Winkel angebracht war. Nach diesem kleinen Irrgange gelangte der wackere Studio ohne weitere Hindernisse die unveränderte Treppe hinauf in sein Zimmer und lag wenige Minuten später in tiefem Schlafe.

Die wunderliche alte Uhr des Rathausturmes hatte bereits Elf geschlagen, als sich auf das Geräusch vieler Tritte und Stimmengemurmels hin Krause steil im Bette aufrichtete und bei dem breit einfallenden Sonnenschein bald erkannte, daß die Füchse, seinem Befehl gemäß, pünktlich »angetreten« waren.

Mit Hilfe der diensteifrigen Jünglinge ward er schnell in die Kleider befördert, verzehrte vor den achtungsvoll ihn Umstehenden hastig sein Frühstück, das seine »Philöse« hereingereicht hatte und verließ dann an der Spitze der zwölf Füchse das Logis, um diese in das Geheimnis seines Huldigungsplanes einzuweihen.

Gegen ein Uhr bot sich den Bewohnern und Passanten des Marktplatzes der kleinen Universitätsstadt ein eigenartiges Schauspiel. In Gänsemarsch, feierlich gemessenen Schrittes, marschierten aus der Kleinen Kirchgasse dreizehn Studenten auf, deren Gesichter samt und sonders von einem Konditorkünstler gleich Torten vorgerichtet waren. Der Anführer der appetiterregenden Schar, eine falstaffähnliche Gestalt, trug auf dem sorgfältig ausrasierten Kinn, das ein schwarzer Vollbart umrahmte, die bekannte Figur: § 11 in Zuckerguß. Nase und Backen waren durch Guirlanden von Zuckerröschen markiert, die Stirn zeigte den Carcerzirkel in Spritzguß, die Schläfen waren sinnig mit Früchten belegt.

Ähnliche Verzierungen wiesen die Gesichter der übrigen Zwölf auf, nur daß auf diesen anstatt des Paragraphen und Zirkels die Embleme allgemein gehaltener Torten wie: »Wir gratulieren!« oder »Zum frohen Feste« und dergleichen in Zuckerguß prangten. So geschmückt zog die Aufsehen erregende Schar in feierlichem Ernst dreimal um den Marktplatz und darauf polonaisenartig durch die Räumlichkeiten des Gasthofes »Zur Sonne«, wo die frackgeschmückten Teilnehmer des Konditortags eben die Vorbereitungen zur Festtafel abwarteten und mit staunender Bewunderung die ungewöhnliche Huldigung über sich ergehen ließen.

Ebenso feierlich, wie sie gekommen, und ohne das ihrer Würde angemessene Schweigen zu brechen, zog die Schar wieder ab und verschwand in dem Kneiplokal der »Agronomia«, wo die »älteren Semester« sie bereits in Spannung erwarteten und die geniale Idee Krauses mit ungeheurem Jubel begrüßt ward und in zahllosen Libationen die gebührende Anerkennung fand.

Die »Frühkneipe« wurde infolgedessen bis in die fünfte Nachmittagstunde verlängert, zu welcher Zeit die Gesichter der Dreizehn allerdings den Tortencharakter so ziemlich eingebüßt hatten, ohne dadurch im Aussehen weniger befremdlich geworden zu sein. Sie gemahnten jetzt vielmehr au frischtättowierte Wilde, mit denen sie auch hinsichtlich der vokalen Leistungen einige Ähnlichkeit bekundeten.

Gegen fünf Uhr erklärte der Präside die Kneiperei für »ex est«, da es höchste Zeit sei, Toilette zu machen, um dem Kommilitonen Krause, der um acht Uhr vom Bahnhof abfahren wolle, die Ehren des Komitats zu erweisen.

Schlag Sieben war denn auch alles wohl frisiert und in Wichs wieder im Kneiplokal, und alsbald setzte sich der Zug, den Scheidenden in der Mitte, nach dem Marktplatz zu in Bewegung. Nachdem dieser in üblicher Weise dreimal umschritten worden war, erklang das feierliche, nur bei dieser Gelegenheit ertönende Lied: »Bemooster Bursche, zieh ich aus . . .«

Unter Absingen der wehmütig schönen Strophen gelangte der Zug gegen halb acht Uhr in das Bahnhofsrestaurant. Hier ward sofort eine letzte Abschiedskneiperei etabliert, die ebensoviel Rührung wie Durst entfesselte, was sich in zahllosen Ansprachen und Seidelbestellungen äußerte. So wenig Zeit der Schar für ein ordentliches Bekneipen zur Verfügung stand, so gelang es ihr doch durch intensives Trinken den Erfolg zu erzielen, daß, als fünf Minuten vor acht Uhr unter dem Läuten der Bahnglocke der Zug einfuhr, Krause in einem heftigen Anfalle von »grauem Elend« schluchzend erklärte, sich *heute nicht* von den Kommilitonen trennen zu können, weshalb er noch einen Tag hier zu bleiben gedenke.

Der Jubel, den diese Eröffnung erregte, drohte die Pferde der auf dem Bahnsteig haltenden Wagen scheu zu machen! In dieser Stimmung zog die Schar in geschlossenem Zuge nach ihrem Kneiplokal und feierte den Sieg warmer Empfindung über die kalte Weltordnung in angemessener Weise bis in die Morgenstunde des kommenden Tages.

Um drei Uhr nachmittags versammelte sich auf Beschluß des Präsidiums die »Agronomia« in ihrem Lokal zur Vorfeier von Krauses zweitem und letzten Abschied. Gegen sieben Uhr setzte sich – nicht ohne eine gewisse Schwierigkeit die Ordnung des Zuges innezuhalten, denn der Libationen zu Ehren des Scheidenden waren die Menge gewesen! – das Komitat in Bewegung, und wieder erklang nach dem Rundgang um den Markt die feierliche Weise: »Bemoster Bursche, zieh ich aus . . .«

Gegen halb acht Uhr saß man wieder an der schnell improvisierten Tafel im Bahnhofsrestaurant und die Wogen der Rührung und Begeisterung gingen ungleich höher wie gestern, da heute mehr Zeit vorhanden gewesen, durch unermüdliches Aufgießen diese Flut zu erzeugen. Dennoch würde das Scheiden Krauses den nach menschlichem Ermessen zu erwartenden Abschluß gefunden haben, wenn nicht ein seltsamer Vorschlag von einem der bemoosten Häupter aufs Tapet gebracht worden wäre. Dieses würdige Verbindungsmitglied, auf welches der Fortgang Krauses einen besonders tiefen Eindruck gemacht zu haben schien, beantragte nämlich plötzlich mit lallender Stimme, der es aber gleichwohl nicht an gemütvoller Eindringlichkeit fehlte, daß zum Andenken an den geliebten

Kommilitonen dessen wohlgepflegter schwarzer Vollbart zurückbleiben möge, zu welchem Zweck er eine Verauktionierung desselben vorschlage. Der Antrag wurde von den begeistert zustimmenden Kommilitonen einmütig zum Beschluß erhoben, Krause zum Taxator ernannt und in der augenblicklich vorgenommenen Auktion ein Erlös von zweiundvierzig Mark für das vollständige, wohlerhaltene Exemplar erzielt.

Gleich nach Annahme des Antrages war der »krasseste« Fuchs in die Stadt gesandt worden, um unverzüglich den Verbindungsfriseur zur Stelle zu bringen, damit dieser das Corpus delicti vorsichtig abnehme. Der Haarkünstler erschien, verrichtete auf das Eleganteste seine Arbeit, und der glückliche Ersteher des Bartes empfing gegen sofortige Barzahlung der zweiundvierzig Mark die stolze Zier kraftvoller Männlichkeit. Krause, aufs tiefste von diesem neuen Beweis treuester Anhänglichkeit erschüttert, erklärte schluckend, daß er den Betrag zur Gründung einer Bowle bestimme und deshalb nicht umhin könne *noch einen Tag* länger unter den Kommilitonen zu verweilen.

Der Jubel war grenzenlos! Die Stimmung des Abends erfuhr aber noch eine Steigerung, als im Kneiplokal, wohin man sogleich zur Vertilgung der Bowle gezogen war, der nunmehrige Besitzer von Krauses Bart die Mitteilung machte, daß er um jedem die Möglichkeit eines so teuren Andenkens zu verschaffen, den Bart en detail versteigern werde.

Die Stücke gingen bei der völligen Mißachtung materieller Güter, die augenblicklich die Gemüter beherrschte, zu fabelhaften Preisen ab, und der Überschuß, den der Auktionator edelmütig zur Verfügung stellte, ermöglichte eine zweite vermehrte Auflage der Bowle, der einem unverbürgten Gerücht zufolge noch verschiedene Auflagen gefolgt sein sollen. Sicher ist, daß der dicke Krause von vier Kommilitonen früh morgens in sein Haus und unter Vermeidung der Dezimalwage in Zimmer und Bett gebracht wurde, daß selbigen Nachmittag gegen drei Uhr die »Agronomia« vollzählig wiederum in ihrem Lokal versammelt war und daß mannigfaltige Reden dem denkwürdigen Vorgang des letzten Abends gerecht zu werden suchten.

Eine eigentümliche Stimmung bemächtigte sich aller Teilnehmer des Komitats, als gegen sieben Uhr nach dreimaligem Umzug auf dem Marktplatz zum drittenmal der Sang ertönte, dessen Absingen ohne gegründete Veranlassung bisher für eine lästerliche Profanation gegolten hatte.

Um halb acht Uhr saß man wieder an der Tafel des Bahnhofsrestaurants. Der bartlose Krause, von dem schwer zu entscheiden gewesen wäre, ob Abschiedsbeklemmungen oder gelindes Angesäuseltsein die Schuld daran hatten, sah bleich und leidend aus und verhielt sich auffallend schweigsam. Als aber das Geläute der Bahnhofsglocke die Einfahrt des ominösen Zugs verkündete, warf er sich in plötzlich ausbrechender Rührung um den Hals des neben ihm sitzenden Präsiden und erklärte schluchzend, daß nichts in der Welt ihn bewegen könne, solche Freunde zu verlassen und er deshalb seine Abreise auf *morgen* verschiebe.

Der Enthusiasmus, der dieser Erklärung folgte, spottet der Beschreibung! Jeder fühlte, daß zur Feier dieses nie dagewesenen Vorgangs etwas Außergewöhnliches in Scene gesetzt werden müsse! Die »älteren Semester« traten sofort zu einer Beratung hierüber zusammen. Nach kurzer Debatte wurde beschlossen, einen Rollwagen aus der Stadt herbeischaffen zu lassen, auf dem der »Unzertrennliche«, von den Füchsen gezogen, im Triumph zur Stadt und in feierlichem Umzuge um das Monument des Universitätsstifters auf dem Marktplatz geleitet werden sollte.

Nach einer halben Stunde, die man in richtiger Würdigung des Moments durch Leeren einiger Sektflaschen ausfüllte, erschienen die abgesandten Füchse mit dem Rollwagen, auf den sie verständigerweise ein altes Sofa als Sitzmöbel für Krause hatten stellen lassen. Krause bestieg unter dem Jubel der Verbindung und der auf dem Bahnhof weilenden Philister den »Thron seiner Väter«, legte sich, eine Sektflasche schwingend, bequem zurecht, die zwölf Füchse spannten sich an die Deichsel, die übrigen Verbindungsmitglieder ordneten sich vor und hinter dem Wagen zum Zuge und so ging es langsamen Tempos nach der Stadt hinein.

Bei der Umfahrt um die Statue des Kurfürsten Friedrich wurde das Tempo schneller und schneller, die wagenziehenden Füchse verdoppelten ihre Anstrengungen, Krause aber, der die Sektflasche

unterwegs so ziemlich geleert, stimmte das herrliche »Kanapeelied«
an, in das die Begleitung sofort dröhnend einfiel. Bei dem Kehrreim:

> Die Seele schwinget sich
> Wohl in die Höh, juchhe!
> Der Leib allein –
> Bleibt auf dem Kanapee!

raste der Wagen förmlich, und da die Wendung, womit er den Kreis
beschrieb, eine jähe war, kippte das Kanapee mit dem wuchtigen
Krause plötzlich um, überschlug sich und Krause kam derartig
unter das Möbel zu liegen, daß er mit den darunter hervorhaspeln-
den Armen und Beinen täuschend einer Riesenschildkröte glich. Er
hatte aber nicht den mindesten Schaden genommen, wurde wieder
hinaufgesetzt und völlig wohlbehalten vor der Thür des Kneiplo-
kals abgeladen. Die bis gegen die vierte Morgenstunde dauernde
Kneiperei überbot an Animiertheit die der vorhergegangenen Näch-
te um ein Bedeutendes.

Andern Nachmittags, als sich wie gewöhnlich die Kommilitonen
gegen drei Uhr im Kneiplokal versammelt hatten, trat Krause mit
auffallend blassem, übernächtigen Gesichte unter sie. Er erbat sich
das Wort und teilte den gespannt Aufhorchenden mit, daß auf sein
dreimal wiederholtes Absagungstelegramm hin heute früh von
seinem Alten eine Depesche eingelaufen sei, welche laute:

»Wenn *du* heute nicht kommst – komme *ich!*«

Unter diesen Umständen habe er sich entschlossen, schon mit
dem Vieruhrzuge heute Nachmittag abzureisen. Er schloß mit den
Worten: »Ich habe eine Bitte an euch, die ihr mir erfüllen werdet:
komitiert mich lieber nicht – ich komme sonst am Ende gar nicht
fort.«

Gerührten Herzens versprachen dies die Kommilitonen. Der Ab-
schied war von überwältigender Feierlichkeit. Das Lied »bemooster
Bursche, zieh ich aus . . .« erklang – zum *viertenmal*, doch aus-
nahmsweise im Kneiplokal – und nach dem Verhallen desselben
und nachdem er schweigend einen jeden nochmals heftig umarmt,
schied der dicke Krause und soll – wie von Augenzeugen versichert
worden ist – wirklich und wahrhaftig um vier Uhr abgefahren sein.

Die Verbindung aber bewahrt ihm ein treues Gedenken. Die Dichter der »Agronomia« haben ihn in begeisterten Gesängen verherrlicht und in den Annalen der Verbindung liest man von dem Kommilitonen, der sich nicht trennen konnte, der dreimal komitiert ward und schließlich dennoch ohne Komitat von hinnen schied.

Dialektschnurren.

Zwee Meißner Geschichten.

Von Apotheker Stannebein in Meißen erzählt.

(*Sächsisch.*)

In Afrika.

»Eegentlich wollt 'ch bloß nach Driest machen und da macht 'ch
denn ooch hin. In Driest, meine Herrn, is es sehre scheene, so schee-
ne – nu wie's ähm in Driest is. Wie ich da eenes Dags am Meere
hinschlendre, kommt mei Freind Schubert aus Meißen vorbeige-
rennt. Mich sähn un auf mich zuschtärzen war Eens. ›Mensch,
Stannebeen, bist du's?! Back deine Siebensachen un komm mit.
Ähm fährt de Botenfrau nach Konstantinopel ab!‹ Na, *die* Gelegen-
heit war zu verfiehrerisch un ich rutsche also mit Schuberten ab.
Mer mochten ä baar Dage gefahren sein, da ging's auf eemal:
rrrrrrrrr – iewersch Pflaster – mer waren da! Konstantinopel, meine
Herren, is sehre scheene, so scheene – nu, wie ähm Konstantinopel
is. Weil mer nu eemal dort war'n, machten mer natürlich ä kleenen
Abstecher in de Wieste. Na, de Wieste is ooch sehre scheene, so
scheene – nu, wie ähm de Wieste is. Un fer uns sollte de Dhur noch
besondersch indressant wärn. Wie mer nämlich bei der vierten Oase
links um de Ecke biegen, heern mer enn Dhebs un ä Gelächter un
komm doch, weeß Knebbchen, in enne fidele Gesellschaft von
Schwarzen nein, die ähm enn Elefanten auskegeln! Mei Freind
Schubert, ä famoser Stecher, schmeißt zweemal den Keenig mitten
raus un kriegt'n Elefanten! Aber 's wurde sei Unglick. So ä Schwar-
zer, der de schon anfangs enne Bieke auf Schubert hamm mochte,
murkste meinen Freind noch denselwigen Abend ab. Das haw' ich
ärscht nachträglich rausgekriegt, denn *dän* Abend tranken mir enne
Kokosbowle un ich hatte enn kleenen Schwibbs un wußte viel, daß
Schubert fehlte. Wie er aber 'n andern Morgen nich da war un gar
nich wieder zum Vorschein kommen wollte, da merkt 'ch 'n Braten!
De Bardieh war mer verekelt, ich nahm Extrabost un fuhr nach
Konstantinopel un von da nach Meißen.

Schuberten hamm se hernach in enn kleenen Balmenwäldchen neben der Kegelbahn dod un dodal ausgezogen gefunden un de dortige Beheerde hat'n an de Meißner Bolezei geschickt.«

»Ja aber, Herr Stannebein, wenn der Mann tot und ausgezogen war, wie hat denn die Behörde dort ermitteln können, daß er aus *Meißen* war?«

»So enne eefält'ge Frage! Als *Meißner* hat er doch de › *Kurschwerter*‹ hinten drauf.«

Bei de Indianer.

»Anne gans eegendiemliche Geschichte is mir da bei de Indianer bassiert. Eenes Dags nämlich, wie unsere Exbedizjohn so ä wildes Felsendahl durchstreeft, un mir drei Forscher, de Gebrieder Humbold un ich, gerade unsern Soldaten ä Stickchen vorneweg geeilt sinn un gans arglos aus ä Hohlwege treten – heernse, da komm Sie zwee Drubbs Indianer uff eemal in sausender Karrjere 'rangesprengt – links ä Drubb Sioux un rechts ä Drubb Irokesen – denn ich kannte die Brieder an den Federbischeln – ä Hagel von Feilen saust auf uns ein un – hastenichgesähn! stecken m'r ooch schon zwee von den verdammten Dingern in der *linken* Seite. Nu is es immer gut, wenn der Mensch Kenntnisse un de Oogen offen hat. De Feile waren von *links* gekomm' un links standen de *Sioux*, un daß die ihre Feile mit *Strychnin* vergiften, daß wußt 'ch schon von der Ferschtenschule her. Die Dinger 'rausreißen war eens. Awer was nu gegen de Werkung von dän Strychnin duhn? Unsre Reiseabodeke war bei d'n Soldaten zerickgebliem. Heernse, da fiel m'r zum Glick ein, daß ja de *Irokesen* – die von *rechts* schossen – bei ihren Feilen *Kurarin* verwenden, was de *das Gegengift von Strychnin is!* Wie m'r das dorch de Gedanken schoß, war ich ooch schon nach rechts vorgesprungen. Awer in dän Oogenblicke erschienen unsere Soldaten, gingen mit ä dreimaligen Hurra vor un de Indianer kratzten aus. Ich, in der Angst, daß es ze spät fer mich wär'n gennte, renne den eenen Irokesen nach un schreie in eene fort – uff irokesisch nadierlich –: Schießen Se nur noch *ä eenz'gen Feil* uff mich! Nur ä allereenz'gen! Heernse, sein Se doch so gut! Un das Luderchen muß es endlich ooch begriffen hamm. Denn uff eemal dreht er sich um un huck! sitzt m'r ooch schon ä Fitschefeil in Bauche. *Ich war gerettet* – awer 's war ooch de heechste Zeit, un drei Dage haw ich noch von wegen dän Schrecken krank gelegen!«

De Nibelungen.

Ä Vortrag, gehalten in Bergerverein zu Crimmitschau von Rektor Schwämmchen.

Meine Härrn!

Unser Nazional-Ehboß »de Nibelungen« is bekanntlich ä sehre langes Gedicht, weshalb's geweehnlich nich ganz ausgelesen werd, was ja schade aber nich unbegreiflich is, denn so bedeitend es genannt wärn muß, so leidet's doch

Ärschtens: an Dunkelheet,

Zweetens: is vieles nich klar drinne,

Drittens: manches andere ooch nich, un

Viertens: zeigt der Verfasser, der leider unbekannt geblieben is, änne Vorliebe fer Grausamkeiten, worin er sich mit Schäksbiern begegnet, un ä gewissen Mangel an Scheenheitsgefiehl, das de allerdings Schäksbiern nich abzesprechen is.

De Fabel des Gedichts is schnell erzählt:

Vor langen Zeiten lebte in Worms der Keenig Gunther mit seiner hibschen Schwester Krimhild. Zu dän zwee Beeden kam eenes Dags Siegfried, der Kronbrinz der Niederlande, auf Besuch, un wie där Krimhilden sah un sie ihn, da vergafften se sich in änander. Gunther aber hatte sei Ooge auf eene gewisse Brunhild geworfen, änne Art Mannweib, die jeden, dersche heiraten wollte, erscht zu ä Duell 'rausforderte un, wenn er verlor, keppen ließ. Weil nu Siegfried sehre stark war, meente Gunther zu'n: Wenn de mer zu Brunhilden verhilfst, gäb 'ch d'r meine Schwester zur Frau. »Bong!« sagte Siegfried un fuhr mit Gunthern zu Brunhilden. Dort that er so, als wenn'r Gunther wäre, duellirte sich mit'r, besiegte se un drickte sich dann heemlich zu Krimhilden. Dadrauf machten se alle Viere Hochzeit. Brunhild aber hatte 's eegentlich auf *Siegfrieden* abgesähn un weil där sich auf nischt nich einließ, wurde se furijos un eenes scheenen Dags ging se zu Hagen (was de ä Dienstmann war, der de bei Gunthern in Kondition stand) un verabredete mit dän, daß'r den andern Dag nachmittags zwischen drei un vieren Siegfrieden ab-

murksen sollte. Där besorgte das ooch grindlich un bei där Gele-
genheet kam Siegfried um's Läben. Nu ging der Krakehl ärscht los.
Krimhild verheiratete sich zum zweetenmale un hetzte ihren Mann,
den Keenig Etzel, auf: Gunthern un sei Gefolge zu eener großen
Gesellschaft bei sich einzuladen, nur se da besser abmurksen zu
kenn. Hagen merkte zwar Lunte un riet ab; aber wie die sich nich
abraten ließen, ging er mit. Se wurden ooch sehre nett bei Etzeln
empfangen un gleich ins Speisezimmer gefiehrt. Aber schon beim
ärschten Gange kam Hagen sei Bruder reingesterzt un schriek: »Na
Gott straf mich, Ihr kennt hier essen un uns schlagen se derweile
tot!« Da sprang natürlich alles auf, Hagen haute Etzeln seinen Jun-
gen, der gerade vorbei ging, den Kopp runter, eene ferchterliche
Keilerei entstand un ä gewisser Volker spielte dazu de Violine. Etzel
wurde natürlich sehre eklig, verließ mit seinen Leiten den Saal un
versuchte dann de Gäste auszureichern. Wie das aber nich ging,
schickte er Leite nein, die mußten sich mit'n rumhauen, bis Keener
mehr iewrig blieb. Gunther und Hagen waren de Letzten; die fingen
se lebend'g, un Krimhild haute erscht Gunthern un dann Hagen den
Kopp ab und dann haute wieder ä Anderer Krimhilden den Kopp
runter. Damit heerte die Hauerei auf, die ja ooch lange genug ge-
dauert hatte, un damit is ooch's Lied alle.

Wemmer diese Erzählung iewerblickt, da werd een als Sachse vor
allen Dingen *Eens* klar: Wäre die Geschichte nich an Rheine, son-
dern an der *Elbe* bassirt, da werde se nie den unangenehmen Cha-
rakter angenommen hamm, den se ähm angenommen hat.
Meeglich, daß ooch bei uns ä Hagen – ausnahmsweise – vorge-
kommen wäre, aber de Murkserei am Schluß werde weggefallen
sein – das steht feste! Dazu sein mir Sachsen zu gebildet un zu ge-
miedlich, un außerdem hamm mir ooch zu viel *Scheenheitsgefiehl*,
um änne Dichtung so end'gen zu lassen.

Wenn Se sich nu aber fragen, meine Härrn, wem se denn diese
wenig scheenen Eigenschaften, die ähm uns Sachsen abgehn un die
der Dichter der Nibelungen unzweifelhaft besitzt, wem se die wohl
zutrauen wirden – da wärn se wohl nich lange um de Antwort ver-
legen sein!

Ich will's nich aussprechen, von wegen 'n lieben Frieden, aber ich gloobe: Sie wissen jetzt Alle, *was fer ä Landsmann* der Dichter der Nibelungen gewesen sein muß!

Un damit kenn mer uns beruhigen, meine Härrn, un's National-Ehboß beiseite legen.

De wachsame Bolezei.

Von Herrn Kretzschmer in Leibz'g erzählt.

Bolezei – ja gomm'n Se m'r nur mit d'r Bolezei un ihrer Wachsamgeet! Die is dran schuld, daß 'ch acht Dage ä dickes Gesicht hatte, daß 'ch anderthalb Mark berabben mußte, mir enne Diehre eingedrickt worden is, mei Garlchen sich de Zehe verknaxte un Emilje, was de unser Mädchen is, nich mehr in Geller schlafen will.

Das is nämlich so zugegang'. Neilich nachts haw ich emal ferchterliches Zahnreißen, so daß 'ch gee Ooge zuthun gonnte. Un wie 'ch endlich, so gegen frieh um dreie, ä linschen eingedusselt bin – heern Se, da fährt Sie bletzlich meine Frau wie enne Rakete in de Heehe un schreit: »Gottlieb, der Garten brennt!« »Was brennt?« frag ich noch dreivärtel in Drahne, fahre awer ooch gleich in de Strimfe, denn vor'n Fenstern, die uff'n Garten nausgehn, war Sie's werklich ufffallend helle. Und da werd ooch schon ans Fenster gegloßt, meine Frau reißt's uff, ä Boliziste steckt sein Gobb un enne Laderne rein und schbricht: »In Ihrer Veranda stehn de Diehren uff un in Garten haw ich ä verdächt'ges Gereisch geheert – Sie erlowen wohl, daß 'ch ä mal nachsehe, ob Eener eingebrochen is.«

Na, der Schreck! Ich in Hemde gleich niewer in mei Zimmer, wo de Gasette steht mit de Staatsbabierchen, un an Schreibtisch, wo de Wochengasse eingeschlossen is – Gott sei Lob, die warn noch alle beede da! Derweile is mei Boleziste dorch de Veranda reingegomm'n, unsere drei Ginder fangen ze brillen an, weil se denken, daß de Feier is, un meine Frau muß se zer Beruhigung erscht ä mal dorchwammsen, un von Geller unten ruff heer ich Emiljen jammern, derde d'r Boliziste de Laderne unter de Nase gehalten hat, um nachzesähn, ob da nich jemand versteckt läge.

Na, mir durchsuchen also 's ganze Loschie, de Veranda, den Garten, de zwee Lauwen un 's Basseng un alle Zimmer un Gammern bis nunter in Geller un nuff uff'n Boden, mei Boliziste mit der Laderne immer vorne wegk.

Awer wie m'r ooch suchen un in jeden Winkel leichten un unter de Sofas un Schränke kriechen – nischt ze finden, gee Mensch nich un gar nischt.

Awer wie m'r an ä gewisses Örtchen gomm, heernse, da leistet de Diehre uff eemal Widerstand! Da drinne steckt 'r, sagt der Boliziste un stemmt sich mit ganzer Leibeskraft d'rgegen un ich stemme mich mit un meine Frau ooch un Emilje wieder gegen meine Frau un m'r hamm ooch de Diehre ähm eingedrickt, da sagt uff eemal enne dinne, biebs'ge Stimme drinne: Ich bin's je, Baba! Warsch mei Jingster, der sich anfangs nur scheniert hatte, s Maul uff ze duhn. Un wie nu de Diehre uffkracht, springt er aus Schenierlichkeet zwischen uns dorch in sei Zimmer un knixt sich doch de Zehe um, daß es ordentlich knaxte.

Na, wie m'r nu so enne gute Vertelstunde treppuff un treppab gezogen waren – un ich hatte Sie doch außer'n Hemde nur noch ä wollnen Schal um de Backe, von wegen 'n Zahnreißen! – da brach bei mir ä golossaler Schnubben aus, daß ich nur egal so los nieste un meine Frau fortwährend sagte: Awer Gottlieb! Nachts um dreie!

Also finden dahten m'r nischt nich, awer weil der Boliziste doch de Veranlassung war, daß m'r möglicherweise eenen hätten finden *genn* – un weil er sich dadorch doch sehr verdient um uns gemacht hatte – so dacht 'ch, gähm mecht m'r 'n doch enne Gleeniggeet un lange also in de Dasche – ja, ich hatte ja awer gar geene Hose an! Ich hole also aus'n Schlafzimmer nu ooch noch mei Bordemonnä, finde awer nur als gleenste Minze enne *Mark*, was m'r doch ä bißchen sehre viele schien! Ich gebe de Mark also heemlich meiner Frau un sage, wechsle m'r mal, denn ich hawe nischt gleeneres oder gieb'n gleich was, wenn de was bei dir hast.

Meine Frau geht also, um ihr Bordemonnä ze holen un der Bolizist begleitet se un wie se mit'n zerick gommt, sagt se heemlich fer mich: ich gann d'r nich wechseln un giebt m'r de Mark wieder.

Na, denk 'ch, da hilft's ähm nischt, wenn's ooch ä bißchen viele is un dricke mein Bolizisten de Mark in de Hand. Der bedankt sich uff's Scheenste un geht unter vielen Gombelmenten ab. Ich leicht'n noch bis an de Hausdiehre un gehe ooch noch dorch'n Garten mit. Wie m'r ans Basseng gomm'n, huscht ä was iewern Weg. Is die Gatze Ihre? fragt er. Ja, sag ich, awer s' is ä Gater. Ach, ä Oogenblickchen, meent er un beigt sich mit d'r Laderne iewer's Basseng, fischt mit d'r Hand was aus'n Wasser raus, guckt briefend in de Heehe un sagt dann: enne Gastanje! Heernse, ich gloobe, jetzt hamm m'rsch raus. *Ihr Gater hat an Basseng geschlafen, da is enne Gastanje ins Wasser gefalln un da hat ihr Gater vor Schreck enn Satz gemacht. Das war Sie das Gereisch!* Na, Gott sei Dank. Sie genn sich jetzt ruhig niederlegen, Herr Kretzschmer, *ä Einbruch hat nich stattgefunden.* Awer – lassen Sie sich das enne Warnung sein! De Verandadiehren hibsch schließen! Na, scheen gute Nacht, Herr Kretzschmer.

Un damit geht er ab. Wie ich ins Schlafzimmer gomme, sagt meine Frau: Ich hawe mich geärgert, daß 'ch nischt gleeneres wie ä Fuffz'gfengstick fer'n hatte. Der werd sich ins Feistchen lachen. Was? sag ich, du hast'n ooch noch was gegähm? Na, das is enne deire Schmiere – ich danke scheene!

Un an andern Morgen, sehnse, hat 'ch enn Gobb, wie ä Brummochse so dicke, un Garlchen kriegte nur eenen Stiefel an un Emilje erklärte, daß se nich mehr in Geller schlafen dähte un wegen d'r eingedrickten Diehre mußt m'r den Schlosser gomm lassen. Das alles verdank 'ch d'r Bolezei un ihrer verdeifelten Wachsamgeet!«

Wie ich Demokrat worre bin.

E' Geschicht aus de Verziger Johr'.

(*Pfälzisch.*)

Wie dorch e geringfigig Kleenigkeet oft des Geschick vun 'me Menschenlewe beschtimmt un verännert werd – des kann ich dorch e Beischbiel aus meim eigne Lewe illuschtriere. Dann, daß ich aus 'me Ferschtediener e Rebuwlikaner worre bin, des hot eenzig nor e Cylinderhut uf'm Gewisse. Un des is halt so zugange.

Im Johr' Anno Finfeverzig hat unser Landesferscht sei silberne Hochzeit feiere wolle. Ich haw' damals im G'meinderat in Kimmelhause g'sesse, un do is nadierlich de Frage vendeliert worre: was solle mir Kimmelhäuser bei dere Gelegeheit unserem Landesherr schenke? Eener vun uns hot in ere oldi Chronik g'lese, daß de Schtadt Baris bei 'me ähnliche Familie-Ereignis ihrem Herrscherboor e gold'ne Kron' iwerreicht hot. Un des hot uns so gefalle, daß mer uns z'erscht aach derfir enschiede hawe. Awer uf's letscht hawe mersch uns doch annerscht iwerlegt. Dann enmol wär' uns die Geschicht' doch zu dheier kumme, un dann – un des hot'n Ausschlag gewe – hot d'r Decklhuber (der damals g'rad sei Hutlade ufgedhon hot), ganz richtig gemeent, daß des Kronetrage jo längscht abkumme sei, un daß heitzutage de Ferschte kee Krone, sonnern Hiet' ufsetze dhäte, grad wie mir, un daß mer also besser dhue werde, 'm Landesvader mit 'me scheene Hut unner de Ärm' zu greife. Do is uns uf emmol e Stein vum Herze g'falle, dann en Hut, un ganz was apart's vun 'me Hut, en biekfeiner Cylinderhut vun der Ort, wo ewe erscht ufkomme is – hot grad d'r Decklhuber ausg'schtellt g'hadd' – 's is sei Meischterschtick g'wese. Den hawe mer schleinigst akwiriert, uf e seidnes Kisse g'legt un sinn – nein Mann hoch – neig'fohre zum Ferschte.

Wie mer vor em geschtande sinn, haw' ich mich gereischbert un mit erhowene Schtimm zum Ferschte g'sagt – denn mich hawe se als zum Schbreche auserlese g'hadd – »Dorchlaucht,« haw' ich gesagt – »geruhe Sie in Gnode vun Ihre gedreie Schtadt Kimmelhause aus Anlaß der heid'gen Feschtlichkeit e klein's Bresent entgege zu nehme.« Un domit haw' ich em de ganze Geschicht' erzehlt: wie mer uns z'erscht vorgenumme, em e gold'ne Kron' zu schenke, un daß uns des – offe geschtande – z'dheier kumme sei, un so weiter. Un uf's Letscht haw' ich mit dene Worte geschlosse: »Un diesen Hut geschtatte mer uns, unserem allverehrte Fersche hiermit ehrerbietigscht zu Fieße zu lege. Mar winsche, daß der Hut des erhawene Haubt Eirer Dorchlaucht noch viele Johr' gege de fatale Oschtluft schitze, un daß 'r bis zur goldene Hochzeit vorhalte mög'!«

Schun beim vorletschte Satz vun der Red' haw ich bemerkt, daß dem Fersche das Blut ganz ferchterlich in Kopp getrete is – vor Freid' haw' ich gemeent – aber uf emmol! – ich war knabb mit 'me letschte Wort fertig – hot er mich widhig angeschriee: »Was! Hiet wolle Se mir schenke? Glaabe Sie, daß Wir, de regierende Herr, keen anschtändige Hut ufzusetze hädde? – Meinen Bariser Schabbohklapp!« hot er bletzlich 'em Kammerherr zugerufe. Un der is gelaafe un im Aageblick mit 'me Klapphut z'rickgekehrt. Den hot em d'r Fersch aus d'r Hand g'risse un hot'n mir vor d' Nos' gehalte: »Do!« hot er geschriee un den Hut eigeschloge, dann de Feder gedruckt, daß er widder in d' Höh' g'schnellt is un widder eigeschloge un widder gedrickt – »könne Se des aach mit Ihre Kimmelhäuser Hiet?«

»Ganz ewe so, Eier Dorchlaucht,« haw' ich ruhig g'sagt – dann zum Glick ist unser Hut aach e Klapphut g'wese – un domit haw' ich de Mechanik schbiele lasse. Awer der Ferscht is nor noch widh'ger worre, un hot seinen Hut immer schneller uf un eingedriewe, un ich haw' 's ewe so g'macht un so hawe mer mitenanner de Hiet' immer eigeschloge un widder ufschbringe lasse – bis mit emol der Ferscht sein Hut uf de Bode geworfe un mit ere ganz heißere Schtimm' g'schrie hot: »Schafft mer den Menschen aus de Aage, er unnerschteht sich, sei Landesferschte zu uhze!« Un wie er des g'sagt hot, do how' ich aach schon drauße g'schtande, so fix hawe mich vier vun de Hofmensche aus d'r Dhier g'schowe. Un gleich hinner mir sinn de acht annern vun de Debudazion rauskumme, ganz begosse un bedebbert, un mer sinn uf'm Fleck z' Haus gefohre, un unseren Hut hawe mer widder mitgenumme.

Aber vun dere Zeit, wisse Se, is es zwische mir un dene Ferschte aus gewese. Mir sinn de Aage ufgegange, ich bin zu de Rebuwlikaner iwergetrete, un als des Johr Achteverzig 'rankumme is, war ich unner de erschte, die in Mannem des »Heckerlied« g'sunge un an 'me Pfeifekopp e schwarzrotgoldne Troddel g'trage hawe.

Der rätselhafte Zahn.

(*Oberbayrisch.*)

Herr Fleischhuber genießt im Kreise seiner Familie, bestehend aus der Frau, zwei Töchtern und drei Söhnen, seine Leibspeise: Schweinshaxen mit Kraut. Er kaut mit vollen Backen, als er plötzlich mit einem Schreckensruf nach dem Munde fährt: »Jesses – dös hat an Zahn gekostet! Da schauts, so an scheenen Zahn! Ich glaub, es ist gar an eigener – no, dös hat noch g'fehlt!«

»Dös ist an eing'setzter,« sagt die Frau, »du hast ja gar kan eignen mehr.«

»Red' du – an eigner ist's! Da rechts muß er g'sessen haben, i hab' den Stumpfen kennt.«

»Vater,« sagt die älteste, »die Mutter hat recht, der Zahn schaut so eing'setzt aus.«

»Geh' – was verstehst denn du davon!« meint der älteste Sohn, »der Vater hat noch an eignen g'habt; i hab'n g'segn, wann er den Mund aufg'rissen hat. Dös wird der Zahn da sein.«

»I glaub's a,« sagt nasweis der jüngste, ein Achtjähriger.

»Halt dein Maul,« schilt die Mutter, »der Zahn ist eing'setzt.«

»Und der Vater hat doch recht!« schreit der mittelste Bub.

»I sag', die Mutter hat recht!« ruft die jüngste.

»Jetzt laßt die Nannerl reinkommen,« entscheidet Herr Fleischhuber. »Wollen heeren, was *die* meint.«

»Freilich ist dös an eing'setzter,« sagt die Nannerl, »so schön is kan eigner.«

»Jetzt san mer so dumm wie z'vor,« brummte Herr Fleischhuber verdrießlich. »Vier sagen so und vier so! Weißt, Nannerl, jetzt läufst zum Herrn Doktor un sagst an scheen' Empfehl und i ließ frag'n, ob der Zahn da an eigner oder an eing'setzter wär! Verstanden!«

Nach zehn Minuten kommt die Nannerl zurück. »An scheen' Empfehl vom Herrn Doktor und der Zahn wär kan eigner, aber auch kan eing'setzter, es wär halt an *Schweinszahn!*«

Die Rauchstraße.

(*Mecklenburgisch.*)

Am Potsdamer Thor in Berlin beobachten eines Tages zwei Studenten ein Bäuerlein, das, eine dampfende Pfeife in der Hand, mit weit aufgerissenem Mund die palastähnlichen Gebäude bestaunt. Offenbar ist der brave Landmann zum erstenmal in der Residenz. Dieser Umstand veranlaßt die beiden Musensöhne einen Jux auszuhecken, den sie schleunigst zur Ausführung bringen.

Während der eine von ihnen, eine Cigarre entzündend, sich vor einem Gartengitter aufpflanzt, scheinbar das dahinter liegende Grundstück betrachtend, nähert sich der andere mit ernster Miene dem Bauer und sagt, indem er an die Mütze faßt: »Um Vergebung, mein Herr! Darf ich um Ihren Schein bitten?«

Der Bauer starrt ihn in höchster Verwunderung an. »Wat for'n Schien? Ick hew' keenen Schien . . .«

»Nun, Sie rauchen doch. Wissen Sie nicht, daß in Berlin hierzu ein Erlaubnisschein nötig ist?«

»Nee,« sagt der Bauer. »Dat hew' ick nicht wüßt. Dat 's snurrig! – Äwer – ick seh doch, dat anner Lüd ook rooken. Hewen de all so'n Schien?«

»Das versteht sich! Ah – Sie kennen die Einrichtung noch gar nicht?« Und damit wendet sich der Student an seinen Kommilitonen, der beiden den Rücken kehrend, ganz in Betrachtung des Grundstücks vertieft scheint und seine Cigarre schmaucht. »Pardon, mein Herr! Möchten Sie die Güte haben, mir Ihren ›Rauchschein‹ zu zeigen?«

»Mit Vergnügen.« Mit diesen Worten entnimmt der Gefragte, ohne Verwunderung zu zeigen, seiner Brieftasche eine Karte und überreicht sie dem Frager.

Dieser prüft sie geschäftsmäßig und giebt sie mit höflicher Verbeugung zurück. »Alles in Ordnung! Ich danke Ihnen, mein Herr.«

Der Bauer hat den Vorgang mit Aufmerksamkeit verfolgt. »Hm, hm,« meint er zu dem wieder zu ihm tretenden Studenten, »un wo is so'n Schien to kriegen? Un kost't dat vel?«

»Ja,« sagt der Student nachdenklich, »das ist so 'ne Sache. Den Schein kriegen Sie auf der Polizei. Da er aber nur für ein ganzes Jahr ausgestellt wird – auf Monate lassen sie sich nicht ein – so ist er natürlich nicht billig. Aber ich will Ihnen was sagen. Sie wollen vielleicht bloß wenige Tage hier bleiben? Nur bis morgen? Und doch gern eine Pfeife rauchen? Nun sehen Sie – für solche Fälle haben wir hier in Berlin die › Rauchstraße‹. Gehen Sie mit ihrer Pfeife dahin – dort darf ein jeder *ohne Schein* rauchen!«

»Dat 's god,« sagt der Bauer. »Un wo is de ›Rauchstraße‹?«

»Da fragen Sie am besten einen Schutzmann. Sehen Sie, dort am Eck steht einer. Der wird Ihnen den Weg weisen. Aber sagen Sie ihm nicht, *weshalb Sie dahin wollen!* Der gehört zur Polizei und schwatzt Ihnen sonst einen Schein für teures Geld auf. Denn die Polizei will die Scheine natürlich gerne los werden. Verstehen Sie?«

»Dat glöw' ick!« sagt der Bauer und grient übers ganze Gesicht. »Nee, de sall mi nich kriegen. Ick nehm' em keenen Schien af!«

Und damit geht der Bauer auf den Schutzmann zu. »Wo is woll die ›Rauchstraße‹?«

»Jehn Se jrade aus. Siebente Straße links un dann erste rechts!«

»Ick danke ook.« Und unser Bauer macht sich auf den Weg. Er kommt auch glücklich in die Rauchstraße (die ihren Namen nach dem berühmten Bildhauer führt) und geht dort dampfend wohl eine Stunde auf und ab.

Ein Schutzmann, an dem er auf seinem Spaziergange regelmäßig vorbeikommt, wird endlich aufmerksam auf den Bauer und spricht ihn an.

»Wat suchen Sie hier, Männeken?«

»Dat 's *min* Sak,« sagt der Bauer kurz angebunden, der ja Bescheid weiß, und will weitergehen.

»Halt mal! Sie haben doch Papiere? Einen Polizeischein?« fragt der Schutzmann.

»Ick hew' keenen Schien un will keenen Schien un bruk keenen Schien!« sagt der Bauer und dampft wie ein Schornstein.

»Was 'n Unsinn!« braust der Schutzmann auf. »Sie müssen einen Schein haben! Zeigen Sie Ihre Papiere!«

»Ick hew keen Poppieren. Doför bin ick in de ›Rokstrat‹ un ick lat mi keen Poppieren upsnacken!«

»Gott 's Donner, jetzt wird's mich zu dolle! Wenn Sie keinen Schein haben, denn lösen Sie sich einen. Marsch vorwärts, aufs Polizeibureau!«

»Nee, up 'n Schien lat ick mi nich inn – ick weet Bescheid. Ji willn den Schien girn los warden – äwer ick bruk keenen. Ick blew' in de Rokstrat.«

»Wenn Sie noch Umstände machen, nehm ich Sie beim Wickel, Sie, Sie . . .« sagt der Schutzmann drohend. »Vorwärts!«

Wohl oder übel muß der Bauer ihm folgen. Im Bureau klärt sich die Sache natürlich bald auf.

»Rauchen Sie ruhig, wo Sie wollen!« sagt der Beamte lachend zu dem Bauer. »Das ist hier nirgends verboten.« Und damit entläßt er ihn.

Nach einer Stunde aber wird das Bäuerlein wieder eingeliefert, weil es im Nationalmuseum mit brennender Pfeife betroffen worden ist.

»Denn möt ick ja woll so'n verfluchten Schien nehmen,« sagt der Bauer giftig und zittert am ganzen Leibe vor Wut. »Nu is Jug dat ja glückt! – Äwer een tweetes Mal sälen Ji mi nich kriegen, Ji Rackertüg!«

 tredition®

Über tredition

Eigenes Buch veröffentlichen

tredition wurde 2006 in Hamburg gegründet und hat seither mehrere tausend Buchtitel veröffentlicht. Autoren veröffentlichen in wenigen leichten Schritten gedruckte Bücher, e-Books und audio-Books. tredition hat das Ziel, die beste und fairste Veröffentlichungsmöglichkeit für Autoren zu bieten.

tredition wurde mit der Erkenntnis gegründet, dass nur etwa jedes 200. bei Verlagen eingereichte Manuskript veröffentlicht wird. Dabei hat jedes Buch seinen Markt, also seine Leser. tredition sorgt dafür, dass für jedes Buch die Leserschaft auch erreicht wird.

Im einzigartigen Literatur-Netzwerk von tredition bieten zahlreiche Literatur-Partner (das sind Lektoren, Übersetzer, Hörbuchsprecher und Illustratoren) ihre Dienstleistung an, um Manuskripte zu verbessern oder die Vielfalt zu erhöhen. Autoren vereinbaren direkt mit den Literatur-Partnern die Konditionen ihrer Zusammenarbeit und partizipieren gemeinsam am Erfolg des Buches.

Das gesamte Verlagsprogramm von tredition ist bei allen stationären Buchhandlungen und Online-Buchhändlern wie z. B. Amazon erhältlich. e-Books stehen bei den führenden Online-Portalen (z. B. iBookstore von Apple oder Kindle von Amazon) zum Verkauf.

Einfach leicht ein Buch veröffentlichen: **www.tredition.de**

Eigene Buchreihe oder eigenen Verlag gründen

Seit 2009 bietet tredition sein Verlagskonzept auch als sogenanntes "White-Label" an. Das bedeutet, dass andere Unternehmen, Institutionen und Personen risikofrei und unkompliziert selbst zum Herausgeber von Büchern und Buchreihen unter eigener Marke werden können. tredition übernimmt dabei das komplette Herstellungs- und Distributionsrisiko.

Zahlreiche Zeitschriften-, Zeitungs- und Buchverlage, Universitäten, Forschungseinrichtungen u.v.m. nutzen diese Dienstleistung von tredition, um unter eigener Marke ohne Risiko Bücher zu verlegen.

Alle Informationen im Internet: **www.tredition.de/fuer-verlage**

tredition wurde mit mehreren Innovationspreisen ausgezeichnet, u. a. mit dem Webfuture Award und dem Innovationspreis der Buch Digitale.

tredition ist Mitglied im Börsenverein des Deutschen Buchhandels.

Dieses Werk elektronisch lesen

Dieses Werk ist Teil der Gutenberg-DE Edition DVD. Diese enthält das komplette Archiv des Projekt Gutenberg-DE. Die DVD ist im Internet erhältlich auf **http://gutenbergshop.abc.de**

Zeitfracht Medien GmbH
Ferdinand-Jühlke-Straße 7
99095 Erfurt, Deutschland
produktsicherheit@kolibri360.de